Книга Сергея Матвеева мне попалась на глаза случайно, искала что-то новое в области нумерологии и вот наткнулась на эту книгу, раньше даже не слышала об этом авторе. Книга меня очень порадовала, потому что там чувствуется очень глубокое знакомство с темой. Очень интересный раздел «Числа и карма», который помогает вычислять кармические задачи человека и, самое главное, решать эти самые задачи. Я стала смотреть на себя и своих близких по-новому.

Ладомира, преподаватель школы гадания «Магическое Око»

Давно увлекаюсь предсказанием судьбы, гадаю на Таро. Недавно решили открыть для себя новую область — нумерологию. Искала хорошую книгу, которая помогла бы новичку, но в то же время была бы написана на высоком уровне. Очень благодарна автору. Книга оказалась доступной и очень информативной. Много различных практик. Я сделала расчеты на себя и своих родных. Все сошлось!

Евгения, сотрудник эзотерического центра «Возрождение»

Я никогда особенно не верила в гадания и предсказания. Но недавно открыла для себя нумерологию. Мне много приходится работать с людьми, и числовой анализ по дате рождения помогает мне принимать верные решения и легко подбирать ключик к любому человеку, избегая конфликтных ситуаций. Расчеты меня еще ни разу не подводили.

Мария, менеджер по персоналу

Очень убедительный текст! До этого «перебрала» несколько книг по нумерологии, но ни одна из них мне не показалась стоящей. Здесь масса полезной информации, различные методики, есть возможности проверить одни расчеты другими. И точность некоторых из них (после применения на практике) просто поражает! Я сделала около десятка расчетов и пока ни разу не ошиблась.

Таисия, продавец магазина эзотерической литературы

Современный самоучитель

Сергей Матвеев

НУМЕРОЛОГИЯ!

Большой понятный самоучитель

Все подробно и по полочкам

ПРАЙМ

Издательство
АСТ
Москва

УДК 133.52
ББК 86.42
М33

Матвеев, Сергей Александрович.

М33 Нумерология! Большой понятный самоучитель. Все подробно и по полочкам / Сергей Матвеев. — Москва : Издательство АСТ, 2019. — 288 с. — (Современный самоучитель).

ISBN 978-5-17-113899-8

Галилей утверждал, что математика — язык, на котором Бог написал Вселенную. Пифагор считал, что дата рождения содержит информацию о нашей жизни. Он и создал науку нумерологию и разработал первую методику, известную как «Квадрат Пифагора». Прошли столетия, но ученые, философы, мыслители продолжают искать (и находить!) в нумерологии судьбоносные подсказки.

Освоить нумерологию хотят многие, но может показаться, что подсчеты слишком сложны, доступны лишь специалистам. Это не так, если у вас в руках «Большой понятный самоучитель». Вся информация здесь дана максимально просто и понятно. Вы научитесь вычислять числовые коды вашей судьбы и судеб ваших знакомых и близких, сможете определять свои сильные и слабые стороны, заранее узнавать о возможных препятствиях и подбирать наилучшие даты для важных событий. Книга будет интересна и новичкам, и людям, уже знакомым с нумерологией.

Книга выходила ранее под названием «Нумерология. Большая книга чисел вашей судьбы».

ПРАЙМ

Макет подготовлен редакцией

Мы в социальных сетях. Присоединяйтесь!
vk.com/prime_ast
instagram.com/prime.ast
facebook.com/praim.ast

ISBN 978-5-17-113899-8

Оглавление

Числа — это ключ к судьбе

Числа один из самых простых и доступных способов понимания человеческого поведения, выявления дарований и постижения глубин человеческой личности.

Просто изучая числа, которые связаны с вашей жизнью, например дату рождения, вы можете узнать, в чем ваша сила и слабость, где кроются таланты, какие препятствия встретятся на жизненном пути и как их преодолеть. Вы получите настоящий код счастливой жизни – алгоритм успешного и счастливого «проживания».

Недаром помощью нумерологии пользовались философы, ученые, религиозные мыслители, художники и многие великие люди.

Конечно, занятие искусством нумерологии требует терпения и выдержанности. Чтобы стать хорошим нумерологом, надо стать зорким наблюдателем и терпеливым слушателем. Но нумерология намного проще астрологии и не требует утомительных математических подсчетов. Существует только две вещи, которые нумеролог должен знать: дату рождения человека и нумерологический смысл его имени. И на основе этих данных можно сделать множество предсказаний и выводов.

Когда человек подходит к пониманию этой числовой символики вселенной и космоса, он получает шанс наиболее полного раскрытия своих способностей, самореализации и обретения духовного понимания мира. Цель работы с числами – сохранение энергии. Люди, которые действуют без правильного понимания нужного момента начала работы, теряют много энергии, совершая неверные поступки. Нумерология дает понимание многих вещей: например, как выбрать правильный момент начала работы, как установить гармоничные взаимоотношения, как определить верное место жительство — тем самым экономя жизненную энергию.

Как принять верное решение?

Информация, содержащаяся в этой книге, только лишь приоткрывает окно сознания. Каждый человек должен работать с собственным осознанием этой информации. Информация сама по себе не есть знание; только непосредственный опыт позволяет информации стать знанием.

Рассматривая свои собственные числа (имени и рождения) и их взаимоотношения с числами других людей, нужно сформировать свой собственный язык — для объяснения того, что понятно. Следует помнить: все числа являются одновременно и хорошими и плохими. Никакое число не превосходит другое. Все числа ведут себя по-разному в различных человеческих телах — каждое со своей генетической моделью поведения. Все числа подвергаются влиянию уникальных особенностей своего окружения и коллективного бессознательного. Мы можем пытаться понять их, но не имеем права судить и категоризировать.

Нумерология не должна использоваться в целях достижения власти и контроля над другими.

Как уже говорилось, если знать числа и их характеристики, то можно сохранить много энергии и времени. Живой интерес к нумерологии может помочь развить память и устремленность. Нумерология позволяет также развить интуитивные способности сознания.

Нумерология может дать:

- лучшее понимание хороших и плохих сторон личности;
- метод работы с нашими собственными слабостями и слабостями других людей;
- интересное времяпровождение;
- свободу и бегство от беспокойства;
- сосредоточение и привлечение внимания;
- популярность и уважение;
- инструмент проникновения в неизвестное.

Занимаясь нумерологией, мы развиваем:

- ум ученого-исследователя;
- бдительность исследователя;
- хорошую память и целеустремленность;
- интуитивный ум.

Истоки нумерологии

Людям свойственно обращаться к вечной проблема о смысле и цели Творения. Всегда были такие люди, которые стремились интерпретировать гармонию и порядок мироустройства космоса как удачную случайность, но более пристальный взгляд дает ясное свидетельство грандиозности этого проекта. Последние достижения науки помогают прояснить картину мироздания, перевести ее на язык, понятный человеческому разуму. Одним из таких языков, возможно наиболее полно описывающих Вселенную, является нумерология.

Предмет нумерологии владел интересом большинства глубоких мыслителей прошлого. Мы встречаем упоминания о цифрах и числах в древнейших сакральных писаниях человечества. Так, китайцы считали нечетные числа связанными с белым цветом, днем, солнцем, теплом и огнем. Они верили, что четные числа указывают на тьму, ночь, луну, холод, воду и землю.

В Древнем Китае в свое время зародилась особая философия чисел; ярким выразителем этих нумерологических идей был великий мистик и нумеролог древности Чжай-Шень (1167–1230 гг.). Он утверждал, что следование числу — шу — дает человеку истинное знание о вещах и их началах. Чжай-Шень доказывал, что все числа и видимые и невидимые вещи неотделимы и, проникая друг в друга, образуют континуум без начала и конца.

Об этой мистической функции чисел говорилось в пифагорейской традиции, а также в мусульманских космологических учениях, обнаруживающих влияние исторического пифагореизма. В трагедии Эсхила Прометей утверждает, что он изобрел числа для смертных для того, чтобы они могли познать мир.

В Греции и Риме числа соотносились с буквами алфавитов, нередко подменяя друг друга. Каждая буква имела свое числовое значение, кроме того, определенные числа выражались посредством некоторых букв, за которыми были закреплены особые числовые характеристики:

Римские цифры						
I	V	X	L	C	D	M
1	5	10	50	100	500	1000

Числовые значения греческих букв

Буква	**Название**	**Числовое значение**
α	альфа	1
β	бета	2

Окончание таблицы «Числовые значения греческих букв»

Буква	Название	Числовое значение
γ	гамма	3
δ	дельта	4
ε	эпсилон	5
Ϝ	дигамма	6
ζ	дзета	7
η	эта	8
θ	тета	9
ι	йота	10
κ	каппа	20
λ	ламбда	30
μ	ми	40
ν	ни	50
ξ	кси	60
ο	омикрон	70
π	пи	80
ϙ	коппа	90
ρ	ро	100
σ	сигма	200
τ	тау	300
υ	ипсилон	400
φ	фи	500
χ	хи	600
ψ	пси	700
ω	омега	800
ϡ	сампи	900

Числа в Библии

Идеи Пифагора перекликаются с нумерологическим представлением Библии. Здесь числа имеют устойчивые, твердые и общепринятые в христианстве связи с сакральными предметами, событиями и понятиями. Священный текст заставляет задуматься о присущей ему числовой структуре, без восприятия которой он трудно поддается пониманию и трактовке.

Вот значения наиболее встречающихся в Писании чисел:

Число	Значение
1	единство, новые начинания
2	союз; разделение; свидетельствование
3	Божественное совершенство
4	творение; мир; созидательная работа
5	величие; Божественная благодать; первые пять книг Библии
6	человеческие слабости; проявление греха
7	воскресение; духовное совершенство; отеческая забота
8	новое рождение; новые начинания
9	плод Духа; Божественная исполненность
10	закон; ответственность
11	суд
12	совершенство правления
13	восстание; мятеж
14	избавление; спасение
15	покой
16	любовь
17	победа
18	неволя
19	вера
20	выкуп
21	греховность
22	свет
23	жизнь и смерть
24	священничество
25	раскаяние; прощение грехов
26	Евангелие Христа
27	проповедование Евангелия

Окончание таблицы

Число	Значение
28	вечная жизнь
29	уход
30	кровь Христа; посвящение
31	результат
32	соглашение
33	обещание
34	имянаречение
35	надежда
36	враг
37	слово Отца
38	рабство
39	болезнь
40	испытания
42	первое появление
44	суждение Мира
45	сохранение
50	Святой Дух
60	гордость
66	идолослужение
70	наказание и исправление; универсальность
100	выбор
119	духовнос совсршенствование и победа
120	Божественный период испытания
144	одухотворенная жизнь
200	недостаток
600	война
666	антихрист
888	Христос, Дух Святой
1000	Божественная исполненность и слава отцов
4000	спасение мира через кровь агнца
6000	обман антихриста; Второе Пришествие
7000	Последний Суд

Числовые значения букв кириллицы

Буква	Название	Значение	Числовое Значение	Буква	Название	Значение	Числовое Значение
а	аз	начало	1	х	хер	херувим	600
б	буки	будущее		ω	омега	конец	800
в	веди	ведать	2	ц	цы	молчание	900
г	глагол	разговор	3	ч	червь	червь	90
д	добро	добро	4	ш	ша	ничтож-ный	
є	есть	сущность	5	щ	ща	нещадный	
ж	живете	живой		ъ	ер	вор	
ѕ	зело	крепко	6	ы	еры	гуляка	
з	земля	земля	7	ь	ерь	враг	
і	и	и	10	ѣ	ять	принять	
и	иже	ежели	8	ю	ю	юдоль	
к	како	как	20	ꙗ	(и)я	изгой	
л	люди	люди	30	ѥ	(и)е	мучения	
м	мыслете	мыслящий	40	ѧ	юс малый	оковы	
н	наш	наш брат	50	ѫ	юс большой	темница	
о	он	лицо	70	ѩ	йотов юс малый	заточение	
п	покой	духов-ность	80	ѭ	йотов юс большой	казнь	
р	рцы	изречешь	100	ѯ	кси		60
с	слово	слово	200	ѱ	пси		700
т	твердо	истина	300	ѳ	фита		9
ѵ	ук	закон	400	ѵ	ижица		
ф	ферт	слава	500				

Философия нумерологии базируется на утверждении: если человек создает положительную установку, она уже сама по себе способствует благоприятному стечению обстоятельств. В противном же случае, на передний план выступают отрицательные вибрации чисел, которые влекут за собой несчастья.

Несмотря на то что изучение нумерологии имеет долгую историю, до сих пор не утихают споры, является ли нумерология наукой. Каждому, кто изучает нумерологию, необходимо знать, почему данная отрасль знания никогда не считалась достойной тщательного рассмотрения. Для дискредитации нумерологии было потрачено много сил. Большинство образованных людей постоянно посягают на нумерологию, отводя ей роль некоего предрассудка, основываясь на том, что современные ученые отвергают ее. Однако многие известные величайшие мировые истины, даже и считавшиеся когда-то тривиальными, становились позднее источниками огромной силы.

Галилей утверждал, что математика — язык, на котором Бог написал Вселенную. Вселенная выражает себя на языке чисел. Так, все физические величины выражаются посредством формул, движение планет описывается числами, биологические законы также удобно представлять посредством числовых модусов. Математика, таким образом, есть символическая копия Вселенной. Это наука количества и качества всех вещей и событий мира, описывающая пространство, место и структуру бытия.

Математика предоставляет неопровержимые доказательства возможности «просчитать» Вселенную. Она формирует структуру мира, формулируя вечные истины. Математика лежит в основе всех наук — медицины, астрономии, физики, социологии, психологии.

Древние цивилизации для работы с числовой энергией пользовались различными магическими системами чисел. Чаще других священными числами назывались следующие: 3, 4, 5, 7, 9, 10, 12, 40, 70 и 100. Далее приводятся сакральные числа в культурах разных народов:

Народы	**Священные числа**
арабы	99
греки	3, 9, 12
римляне	3, 9, 12
индийцы	3, 7, 21, 55, 77, 99
славяне	3, 9, 7
кельты	3, 9

Вот список ключевых вибраций чисел в древние времена:

Число	**Вибрация**
1	Бог, неизменная Божественная единица
2	Двойственность, человек
3	Единство Божественных человеческих качеств
4	Идея цельности — непоколебимость
5	Человечество с пятью органами чувств
6	Равновесие, соответствие, мир
7	Человеческая природа, циклическая полнота
8	Накопление, сила, энергия, рост
9	Укрепление, сохранение, гуманность

Современная нумерология выросла из этих понятий. Числа отражают основные значения из далекого прошлого, соединенные со многими дополнительными духовными истолкованиями. Значение имен имеет глубокий смысл и может быть описано буква за буквой и число за числом по мере того, как мы в своей жизни достигаем определенных циклов выражения год за годом.

Приступаем к изучению нумерологии

Для нумерологов, в принципе, существует только девять чисел, которые участвуют во всех вычислениях материального мира. Все числа выше 9 лишь повторяют их. Простым методом сложения они сокращаются до одиночных целых чисел. Например, число 10 — это не целое число, а просто 1 с нулем (10 = 1 + 0 = 1).

Нумерология началась, когда началась жизнь, потому что вначале была «Единица». Затем начались вибрации и появилась 2, первая пара, и возвестила в реальности начало вселенской геометрии.

В основе мироздания лежит универсальная числовая схема. Все, что систематически создано природой во Вселенной, и в частях своих, и в целом, определено и упорядочено в соответствии с числом по замыслу Создателя всего сущего; ибо замысел был отражен в предварительной схеме под влиянием числа, задуманного Богом-творцом, числа еще умозрительного и нематериального, но в то же время отражающего суть и смысл. Положение, что все явления Вселенной связаны между собой одним общим замыслом или рисунком, — одно из фундаментальных утверждений эзотерики, а уверенность в том, что замысел этот является числовым, — основа нумерологии.

Название любой вещи таит в себе ее суть; нумерология же дает метод перевода названий в числа; в этом и заключается основной принцип нумерологии как инструмента постижения тайн Вселенной.

Первые четыре целых числа, определяющих музыкальные интервалы, составляют в сумме 10 (1 + 2 + 3 + + 4 = 10). То, что в результате сложения 1 + 2 + 3 + 4 получается число 10, приводит к идее, что эти четыре цифры являются основой всех остальных и, следовательно, лежат в основе организации мира.

Числа Пифагора

Знаменитый древнегреческий математик и философ Пифагор со своими учениками развил учение о числах и придал ему философскую форму. Большей частью нашего духовного и научного понимания чисел мы обязаны Пифагору, отцу мистического и строго научного восприятия универсальных числовых принципов. Он видел в числовых комбинациях объяснения происходящих в природе феноменов. Пифагор учил, что каждое число после 9 в конечном счете сокращается до одного из простых чисел, зная тайное значение которых можно понять строгую последовательность жизненных циклов.

С незапамятных времен число 7 считается таинственным, связанным с духовной стороной вещей, а число 9 — с концом, завершением последовательности, на которой основаны все наши материальные расчеты. За числом 9 все другие числа являются просто повторением первых девяти. Например, 10 = 1 + 0 = 1, 11 = 1 + 1 = 2 и так далее.

Открытия Пифагора можно свести к противопоставлению десяти параметров.

1. Четное и нечетное
2. Единственное и множественное
3. Ограниченное и бесконечное
4. Правое и левое

5. Мужское и женское
6. Покой и движение
7. Прямое и искривленное
8. Светлое и темное
9. Хорошее и злое
10. Квадратное и удлиненное

Вселенная есть реализация этих противоположностей, она покоится на их равновесии. Четные числа считались объяснимыми и, следовательно, недолговечными, имеющими женскую природу и связывались с землей. Нечетные числа считались необъяснимыми, обладающими мужской природой и связывались с небесами. Пифагором была развита целая наука числовых толкований. Основная идея его философии заключалась в том, что человек способен постичь природу Вселенной только посредством числа и формы. Четыре элемента — вода, воздух, огонь и земля — составляли священную четырехкратность, или тетрактис. Вот тетрактис, фигура, которую издревле почитали многие нумерологи и перед которой преклонялись:

			x			
		x		x		
	x		x		x	
x		x		x		x

Тетрактис является простейшей иллюстрацией того, что 1 + 2 + 3 + 4 = 10. Это пример примитивного способа изображения чисел камушками или точками, как на игральных костях. Такой способ применялся в древней и применяется в современной нумерологии.

Пифагор с учениками усиленно работал над теорией тайного значения чисел. Они сделали много интересных открытий в этой области. Вот уже 2500 лет, прошедших после смерти великого ученого, эзотерики удачно используют постулаты пифагорейской теории чисел.

Основной принцип математической эстетики пифагорейцев гласил, что сущность Высшей красоты кроется во внутренних числовых отношениях.

Квадрат Пифагора

Наибольшую известность в наше время из разработанной им оккультной математики получил так называемый квадрат Пифагора — несложный метод предсказаний будущих событий на основе сопоставления и вычисления чисел рождения человека.

Пример расчета по системе Пифагора

Дата рождения: *ab.cd*

1) сумма числа и месяца рождения: $a + b + c + d = x$

2) сумма чисел года рождения: $1 + 9 + e + f = y$

3) сумма 1) + 2): $x + y = pq$ (первое рабочее число)

4) нумерологическая сумма цифр первого рабочего числа: $p + q = nm$ (второе рабочее число)

5) из первого рабочего числа нужно отнять удвоенное число дня рождения: $pq - (2xab) = vw$ (третье рабочее число)

6) нумерологическая сумма цифр третьего рабочего числа: $v + w = u$ (четвертое рабочее число)

Составим мистический квадрат Пифагора. Запишем все найденные числа в таблицу. Составим квадрат, в каждый сектор которого впишем одинаковые цифры. Сравним наличие одинаковых чисел, находящихся на указанных местах в приведенном ниже изображении:

1	**4**	**7**
2	**5**	**8**
3	**6**	**9**

Аспекты числовых значений квадрата Пифагора

Квадрат 1

1 — утонченный эгоизм.
11 — самовосхваляемость.
111 — покладистость.
1111 — сила воли.
11111 — диктаторство, самодурство.
111111 — жесткость.

Квадрат 2

Отсутствие «двоек» — энергетический канал открыт для интенсивного набора космических токов; такие люди любят старые вещи, неплохо относятся к окружающим, стараясь получить подпитку от других; они от природы воспитанны и обычно бедны.

2 — энергии достаточно для жизни, но сейчас не хватает. Обязательны занятия спортом; повышенная чувствительность к изменениям в атмосфере.

22 — достаточное количество энергии для подпитки других.

222 — хорошие экстрасенсорные способности.

2222 — привлекательность для противоположного пола.

Квадрат 3

Отсутствие «троек» — чистоплотность и пунктуальность.

3 — склонность к порядку.
33 — склонность к естественным наукам.
333 — излишняя педантичность.

Квадрат 4

Отсутствие «четверок» — подверженность к потрясениям (особенно если при расчете много двоек).

4 — предрасположенность к бедности до самой старости.

44 — повышенная защищенность.
444 — бедность не грозит.

Квадрат 5

Отсутствие «пятерок» — такие люди вынуждены много работать.

5 — частые ошибки в жизни.
55 — сильно развитая интуиция.
555 — деловые способности.
5555 — прекрасные способности к организации собственного дела.

Квадрат 6

Отсутствие «шестерок» — необходимость в ненавистном физическом труде.

6 — заземленность; физический труд является необходимым, следует думать об учебе.
66 — физический труд не нужен, но люди этого числа его любят.
666 — обязательность, темпераментность, удачливое партнерство.
6666 — необходима постоянная занятость.

Квадрат 7

Отсутствие «семерок» — очень тяжелая жизнь, склонность к религии.

7 — небольшие способности.
77 — музыкальность, художественный вкус.
777 — недолгое благоденствие
7777 — смертельная опасность для жизни.

Квадрат 8

Отсутствие «восьмерок» — этот человек не отдает долги.

8 — развитое чувство долга.
88 — желание помогать ближним.
888 — способности к спонсорству.
8888 — меценатство.

Квадрат 9

9 — недалекий ум.

99 — простая умная голова; необходимо учиться.

999 — ум от природы.

9999 — резкий жестокий ум; грубость.

Полные значения чисел в соответствии с пифагорейским учением:

1 — импульсивность, страсть, амбиции, намерение;
2 — смерть, фатальность, разрушение;
3 — религия, вера, судьба;
4 — твердость, сила, мощь;
5 — свадьба, удовольствие, радость, счастье;
6 — совершенство в работе;
7 — отдых, счастье, равновесие, свобода;
8 — защита, справедливость;
9 — печаль, беспокойство, увечья, несовершенство;
10 — разум, успех, стремление;
11 — разногласия, обиды, обман, наказание;
12 — счастливое письмо, город;
13 — злобность, вред;
14 — жертвенность, потери;
15 — добродетель, культура, неприкосновенность, благость;
16 — роскошь, чувственность, удача;
17 — неудача, неуважение, забвение;
18 — нищета, трудности, тирания;
19 — глупость, невменяемость;
20 — мудрость, жестокость, меланхолия;
21 — таинственность, плодородие, производительность;
22 — целомудрие, наказание, вред;
23 — мятеж, фанатизм, предосудительность;
24 — путешествия, отшельничество, непостоянство;
25 — разумность, результат;
26 — благожелательность, благотворительность;
27 — смелость, героизм, отчаянность;
28 — дары, подарки, предзнаменования;

29 — новости, хроника;
30 — брак, знаменитость, празднование;
31 — благость, стремление, известность;
32 — брак, осуществление;
33 — вежливость, добродетель, милость;
34 — страдание, воздаяние, наказание;
35 — здоровье, мир, осведомленность;
36 — интуиция, гениальность;
37 — искренность, семейные радости;
38 — злоба, жадность, уродливость;
39 — восхваление, честь;
40 — свадьба, пост, праздник;
41 — немилость, скандал, злоупотребление;
42 — короткая жизнь, нищета;
43 — служение, религия, священность;
44 — возвышение, царственность, овации, величие;
45 — результат, совокупность;
46 — плодовитость, плодородие;
47 — долголетие, счастье;
48 — справедливость, суд;
49 — алчность, скаредность;
50 — свобода, освобождение, легкость;
60 — тяжелая утрата членов семьи;
70 — посвящение, наука, целостность, добродетель;
80 — защита, возвращение, выздоровление;
90 — огорчение, немилость, ошибка, слепота;
100 — божья милость, направленность ангелами;
200 — промедление, страх, неуверенность;
300 — философия, знание, защита;
400 — длинные поездки, паломничество, изгнание;
500 — святость, священные обязанности, выбор;
600 — совершенство, совершенствование;
700 — мощь, владение, власть;
800 — победа, империя, сила;
900 — борьба, война, междоусобица, взрыв;
1000 — милость, благотворительность, симпатия.

Числовая перспектива

Во Вселенной существуют пары противоположностей, которые являются важным фактором ее устройства. Основные свойства, которые нумерологи приписывают различным числам, представлены в следующей таблице:

1	активный, целеустремленный, властный, черствый, руководящий, инициативный
2	пассивный, восприимчивый, слабый, сочувствующий, подчиненный
3	яркий, веселый, артистичный, удачливый, легко добивающийся успеха
4	трудолюбивый, скучный, безынициативный, несчастный; тяжелый труд и поражение
5	подвижный, предприимчивый, нервный, неуверенный, сексуальный
6	простой, спокойный, домашний, устроенный; материнская любовь
7	уход от мира; мистика, тайны
8	мирская жизнь; материальная удача или поражение
9	интеллектуальное и духовное совершенство

Все числа можно разделить на четные и нечетные.
Нечетные: 1, 3, 5, 7, 9
Четные: 2, 4, 6, 8

Нечетные числа обладают гораздо более яркими свойствами. Рядом с энергией «1», блеском и удачливостью «3 , авантюрной подвижностью и многогранностью «5», мудростью «7» и совершенством «9» четные числа выглядят не столь выпукло. Насчитываются 10 основных пар противоположностей, существующих во Вселенной. Среди этих пар: четное — нечетное, один — много, правое — левое, мужское — женское, добро — зло. Один, правое, мужское и доброе ассоциировались с нечетными числами; много, левое, женское и злое — с четными.

Когда числа представлены точками, становится очевидным, что нечетные числа являются мужскими, а четные — женскими. 3, 5, 7 и 9 представлены следующим образом:

				X		X		X		X		X	X	X
X	X	X			X			X	X	X		X	X	X
				X		X		X		X		X	X	X

2, 4, 6 и 8 изображаются так:

X	X		X	X		X	X			X	X	X	
			X	X		X	X		X				X
						X	X			X	X	X	

Нечетные числа обладают некоей производящей серединой, в то время как в любом четном числе есть воспринимающее отверстие, как бы лакуна внутри себя. Мужские свойства фаллических нечетных чисел вытекают из того факта, что они сильнее четных. Если четное число расщепить пополам, то, кроме пустоты, посередине ничего не останется. Нечетное число разбить непросто, потому что посередине остается точка. Если же соединить вместе четное и нечетное числа, то победит нечетное, так как результат всегда будет нечетным. Именно поэтому нечетные числа обладают мужскими свойствами, властными и резкими, а четные — женскими, пассивными и воспринимающими.

Нечетных чисел нечетное число: их пять. Четных чисел четное число — четыре.

Нечетные числа — солнечные, электрические, кислотные и динамичные. Они являются слагаемыми; их с чем либо складывают.

Четные числа — лунные, магнетические, щелочные и статичные. Они являются вычитаемыми, их уменьшают. Они остаются без движения, потому что имеют четные группы пар (2 и 4; 6 и 8). Если мы сгруппируем нечетные числа, одно число всегда останется без своей пары (1 и 3; 5 и 7; 9). Это делает их динамичными.

Два подобных числа (два нечетных числа или два четных) не являются благоприятными.

четное + четное = четное (статичное) 2 + 2 = 4
четное + нечетное = нечетное (динамичное) 3 + 2 = 5
нечетное + нечетное = четное (статичное) 3 + 3 = 6

Некоторые числа дружественны; другие противостоят друг другу. Взаимоотношения чисел определяются отношениями между планетами, которые ими управляют (см. последующие главы). Когда два дружественных числа соприкасаются, их сотрудничество не очень продуктивно. Подобно друзьям, они расслабляются — и ничего не происходит. Но когда в одной комбинации находятся враждебные числа, они заставляют друг друга быть настороже и побуждают к активным действиям; таким образом, эти два человека работают намного больше. В таком случае враждебные числа оказываются на самом деле друзьями, а друзья — настоящими врагами, тормозящими прогресс.

Нейтральные числа остаются неактивными. Они не дают поддержки, не вызывают и не подавляют активность.

Числовой квадрат дает ясное представление об игре противоположностей, которая наблюдается при умножении чисел. Визуальный образ, созданный с помощью соединений числа 1 с числом 4, формирует диагональ, соединяющую верхний левый и правый нижний углы квадрата. А узор, полученный из соединения числа 5 с числом 8, дает нам прямо противоположную картину — соединяя верхний правый угол с нижним левым углом квадрата. Узоры 1 и 8 являются прямыми противоположностями друг друга; как 2 и 7, 3 и 6, 4 и 5. 9 образует свой собственный узор, который несвойственен никакому другому числу числового квадрата.

Эти противоположности можно также наблюдать и в нумерологических прогрессиях. В первом столбце числового квадрата числа постепенно изменяются от 1 до 9. В то время как в соседнем столбце, они изменяются в обратном порядке. Подобным же образом происходят изменения 2 и 7, 3 и 6, 4 и 5.

Таблица 1 и 8		**Таблица 2 и 7**		**Таблица 3 и 6**		**Таблица 4 и 5**	
1	8	2	7	3	6	4	5
2	7	4	5	6	3	8	1
3	6	6	3	9	9	3	6
4	5	8	1	3	6	7	2
5	4	1	8	6	3	2	7
6	3	3	6	9	9	6	3
7	2	5	4	3	6	1	8
8	1	7	2	6	3	5	4
9	9	9	9	9	9	9	9

В том, что все числа, перед тем как они умножаются на 10 и начинают свою собственную прогрессию, возвращаются к 9, нет ничего удивительного. Эти нумерологические противоположности можно также видеть при связывании чисел с 9 космическими энергиями, которые влияют на Солнечную систему.

1	Солнце	свет
8	Сатурн	тьма
2	Луна	влечение
3	Юпитер	учитель богов
6	Венера	учитель демонов
5	Меркурий	благотворный

Предсказательная нумерология

Наша Вселенная существует в форме Космической Энергии, которой свойственно сильное излучение. В добавление к этой Космической Энергии существуют другие бесчисленные энергии, обладающие собственным излучением и волнами. Сила колебания каждой энергии оказывает влияние на излучение другой энергии. Мы не можем увидеть эти энергии, но мы можем их почувствовать. О радио- и телевизионных волнах люди даже и не задумываются. Чтобы узнать их, нужно нажать на кнопку радиоприемника или телевизора. Каждый человек тоже испускает лучи и волны, и мы можем узнать о его излучении с помощью нумерологии. Дата рождения человека — вот ключ к тому, чтобы узнать, какие волны присущи данному человеку.

Сообщаемая нумерологическая информация предназначена для конкретного применения. К интерпретации текстов, относящихся к числам — ключевым словам, позитивным, негативным и деструктивным аспектам основных значений каждого числа, — следует относиться очень серьезно. Это важные духовные практики, использование которых позволит значительно улучшить карму и приблизиться к постижению Высшего Знания.

Числа во Вселенной выступают зачастую самостоятельно, вне непременной связи с объектами. Они могут использоваться в ситуациях, которым человек как образ Бога на земле придает сакральное значение. Числа при правильном использовании их вибраций становятся Космическим образом мира и материального существования человеческой расы. Они могут стать и средством для периодического восстановления кармической предрасположенности к удаче в циклической схеме развития для преодоления деструктивных хаотических тенденций, создаваемых самим человеком и препятствующих обретению должного благополучия.

Нумерология есть скрытая мудрость для избранных и внешнее учение для большинства. Для нас привлекающей стороной этой древней науки является возможность ее практического применения.

Методика работы с нумерологией таинств основана на операциях с однозначными числами, цифрами. Для этого все двузначные числа следует сокращать до однозначных: суммируя все входящие в число отдельные цифры, вы получите цифру, лежащую в пределах от 1 до 9. Следует учесть, что иногда три числа, 10, 11 и 22, занимают особое положение в нумерологической картине мироздания. Они играют специфическую роль в кодировке всемирной биоэнергетической матрицы, и иногда (как показано ниже) сокращать их до однозначных цифр не следует.

Кодировка биоэнергетической матрицы человека находится в пределах от 1 до 9; 9 — последнее число в нумерологии и во Вселенной. Для того чтобы работать с Божественной энергией, достаточно учитывать вибрационную структуру именно первых девяти чисел.

Каждое число обладает положительными и отрицательными вибрациями. Положительные вибрации чисел связаны с осознанием Космической миссии индивида и пониманием его Божественного предназначения. Отрицательные вибрации провоцируют деструктивное поведение, которое в аспекте работы с Божественной энергией ведет к духовному обнищанию.

Следует учитывать и скрытые связи между числами, которые способны показать отсутствие необходимого контакта с Высшим Разумом или определить доминирующую вибрацию. Чем больше число, тем сильнее его вибрация: например, число 10 вибрирует сильнее числа 1, а 20 — сильнее 2.

Освоив науку чисел, вы увидите, что древнее знание можно эффективно использовать для улучшения духовного положения; оно также поможет вам способствовать улучшению душевного положения других людей.

Современный человек поставлен в жесткие условия для продолжения собственной духовной эволюции. Нумерология началась, когда началась сама жизнь, потому что бытие началось с числа 1. Затем «единица» начала вибрировать; в результате этого появилось число 2, знаменуя собой приход в мир первой пары, возвещая о реальности вселенской геометрии.

Числа представляют универсальные принципы, через которые эволюционируют жизненные модусы, правильное восприятие которых ведет к их циклическому росту. Однозначные числа от 1 до 9 символизируют стадию, через которую должна пройти идея обретения уверенного положения в жизни, прежде чем она станет реальностью. Все проявляется как результат этих девяти стадий.

Нумерология — искусство и наука понимания духовного значения и строгой последовательности проявления на материальном плане числовых вибраций. Каждое число имеет свое внутреннее значение. Числовой код, правильно снятый и использованный, входит в прямое и тесное взаимодействие с энергетикой Вселенной.

Через нумерологию можно исследовать все аспекты жизни в их различных проявлениях. Ученики видят, как по-разному воздействуют планеты на разных людей. Изучение этой науки требует быть всегда настороже, а также требует от исследователя прямоты — и оно также приносит наслаждение, следующее за удачным исследованием.

Люди суть больше, чем физическое проявление коллективного человеческого архетипа: мы являемся проявлением Духа. Духовная интерпретация и анализ чисел, связанных с судьбой человека, подчеркивают рост сознания и показывают, как правильно данные числа использовать.

Какими свойствами обладает ваша душа? С чего начинать духовный рост? С какими долгами вы вошли в эту жизнь? Какие уроки вам следует пройти? На это показывают числа вашего имени и рождения.

Человеку в этой жизни дается возможность закончить то, что было когда-то начато.

Часто возникает вопрос относительно того, какие числа считаются счастливыми, а какие наоборот. В нумерологии нет «счастливых» и «несчастливых» чисел как таковых. Число, которое может быть счастливым для одного человека, другому способно причинять неудобства. Все зависит от того, каким числом управляется сам человек. Однако даже в прошлом некоторые люди считали определенные числа счастливыми. Например, римляне утверждали, что четные числа приносят удачу. Особая значимость приписывалась числу 3. Большинство мировых религий признает троицу. Пифагор и Аристотель основывали свою философию на трех столпах: Творение, Образование и Разрушение.

Числа от 1 до 9 имеют уникальные, символические значения, которые соответствуют периодам жизни человека.

Все числа, связанные с человеком, влияют на его жизнь. Числа могут:

а) помогать;

б) вредить;

в) быть нейтральными.

Счастливые числа имени или фамилии могут существенно облегчить жизнь. Оптимальной является ситуация, когда удачливые числа присутствуют в дне рождения, имени, фамилии и в нумерологической сумме имени и фамилии. Все числа должны символизировать гармонические отношения человека с миром.

Неудачные числа доставляют множество проблем, а несоответствующие нумерологические затрудняют реализацию врожденных талантов.

Когда удачные числа встречаются в персональных данных, но они не гармонируют с нумерологическими данными, они не помогают, а вредят.

Удачные и неудачные числа

Удачные	+/–	Неудачные
1, 2, 3, 4, 5, 6, 7, 8, 9		
10, 14, 15, 17, 19	13	11, 12, 16, 18
20, 21, 23, 24, 25, 27		22, 26, 28, 29
30, 32, 33, 34, 36, 37		31, 35, 38, 39
40, 41, 42, 45, 46	49	43, 44, 47, 48
50, 54, 55, 59	58	51, 52, 53, 56, 57
60, 63, 64, 68, 69	67	61, 62, 65, 66
70, 71, 72, 73, 77, 78	76	74, 75, 79
80, 86, 87, 89	85	81, 82, 83, 84, 88
90, 91, 95, 96, 98	94	92, 93, 97, 99

Число возможных нумерологических комбинаций – 6561 комбинация (9 × 9 × 9 × 9 числадаты рождения, имени, фамилии и суммы числовых значений имени и фамилии), а максимальное количество числовых ситуаций – 1701032 (31 × 38 × 38 × 38 числа).

Когда встречаются люди с одинаковыми нумерологическими данными, они чувствуют симпатию и доверие.

Когда встречаются люди с разными нумерологическими данными, они чувствуют недоверие, энергетическая связь между ними затруднительна, и они нуждаются в большем количестве времени, чтобы установить отношения.

Очень важно, чтобы числовые матрицы людей, контактирующих друг с другом, находились в гармонии.

Нумерологическая информация, которая дается в этой книге, в основном используется для определения взаимоотношений между людьми. Ее также можно использовать для определения отношений между человеком и неким объектом, для определения числа дома, числа улицы, числа страны или города, в котором рекомендуется жить. Резидентные числа включают в себя число дома, число улицы, число города или страны пребывания. Для вычисления числа дома и числа улицы следует сложить все числа вместе и получить одиночное число (если, конечно, сами номера домов уже не представляют собой одиночных чисел). Число города или страны определяется с помощью сложения цифрового значения букв, входящих в название указанного города или страны. Эти отдельные числа названий не могут объединяться для получения одиночного числа — потому что личностные взаимоотношения каждого человека испытывают на себе влияние числа судьбы именно в то время, пока человек живет в данном городе или в данной стране. Если же, например, число судьбы того, кто собирается купить дом или взять его в аренду, не совпадает с числом этого дома, то от переезда следует отказаться.

Нумерологическая сумма

Методика работы нумерологии основана на операциях с однозначными числами, цифрами. Для этого все двузначные числа следует сокращать до однозначных: суммируя все входящие в число отдельные цифры, вы придете к цифре от 1 до 9. Кодировка биоэнергетической матрицы человека находится в пределах от 1 до 9;

9 – последнее число в нумерологии и во Вселенной. Для того чтобы работать с Космической Энергией, необходимо учитывать вибрационную структуру первых девяти чисел.

Каждое число обладает положительными и отрицательными вибрациями. Положительные вибрации чисел связаны с осознанием Космической миссии индивида и пониманием его высшего предназначения. Отрицательные вибрации провоцируют деструктивное поведение.

Числа имени и рождения – это то, с чем вы были воплощены и что вам следует делать. Они показывают, какова ваша природа и какими способностями вы обладаете, чтобы непосредственно работать с токами Вселенной. Эти числа определяют первоначальную кодировку биоэнергетической матрицы. Если они находятся в положительном аспекте, вы успешно достигнете поставленной цели. Если же им свойственен отрицательный модус – придется много работать над тем, чтобы поменять знак присущих им вибраций на противоположный.

Классификационная функция чисел в нумерологии очень важна, поэтому определяйте их как можно точнее. Ряды чисел судьбы являются сетью отношений людей с Космосом, Высшим кодом описания мира и базой координирующего мышления, направленного на обретение просветления.

Поступая таким образом, можно увеличить поток доступной информации. Понимание человеческой личности станет более отчетливым. Когда вы думаете только о девяти числах, то пропускаются детали. Но когда вы играете с комбинацией из девяти чисел и нуля, то кажется, что подробности становятся бесконечными. Повышая уровень понимания, рассматривая одно и то же под разными углами, человек начинает высвобождать свою интуицию.

Число имени

Нумерологические значения букв
русского алфавита

1	2	3	4	5	6	7	8	9
А	Б	В	Г	Д	Е	Ж	З	И (Й)
К	Л (11)	М	Н	О	П	Р	С	Т
У	Ф	Х	Ц (22)	Ч	Ш	Щ	Ъ	Ы
Ь	Ю	Я			Э			

Буква Л имеет число 11
Буква Ц имеет число 22

Число имени находится следующим образом: нужно взять полное имя, как оно написано в свидетельстве о рождении. Оно говорит о том, как вы выражаете себя по отношению к миру.

Используя большие буквы, напишите полное имя в таблице, приведенной ниже. Напишите числовое значение каждой буквы, используя верхние данные, прямо под буквами. Найдите числовые суммы букв имени, фамилии и отчества и сократите полученные числа до одной цифры. Сложите все эти цифры и снова сократите выражение до одной цифры.

	Имя	**Отчество**	**Фамилия**
Полное имя			
Числовое значение			

сумма букв имени = А
сумма букв отчества = Б
сумма букв фамилии = В

Число имени = нумерологически сокращаемая сумма числовых значений (А + Б + В).

Это вы сами, ваше Я — ваша личность, характер, тождественность, темперамент, ваша природа. Если человек впоследствии менял свое имя, все равно надо брать то имя, которое он получил при рождении. Если оно отличается от имени, которое человек использует сейчас, оно все равно будет обладать самыми сильными вибрациями, определяющими жизнь человека. Вы можете взять оба имени и посмотреть вибрации каждого из них, потому что оригинальное имя может посылать во внешний мир вибрации, которые до конца не осознаются. Некоторые люди меняют свои имена, чтобы получить лучшие вибрации, чем те, которыми они были наделены при рождении, но если такие люди полностью понимают смысл своих имен и действительно живут в соответствии с их положительными вибрациями, им совсем необязательно менять их. Вы выбираете себе имя для достижения какой-либо цели, но ваша цель уже определена до рождения, и вы приходите в эту жизнь, имея перед собой конкретные задачи. Перемена имени может вызвать несколько другие вибрации, но вам в этой жизни требуется все-таки использовать те вибрации, которые вам были предназначены. Каждая буква алфавита имеет свой собственный аспект, интерпретацию и свое собственное нумерологическое значение. Каждая буква вибрирует в соответствии с этим значением.

Имя человека испускает определенные вибрации. Необходимо, чтобы вибрации дня рождения и вибрации имени находились в гармонии. Люди часто жалуются на определенные задержки, которые наблюдаются в их жизнях, на недостижение каких-либо результатов. Рассмотрев их случаи, можно обнаружить, что часто вибрации, испускаемые датой рождения и их именами, не находятся в гармонии по отношению друг к другу; таким образом, суммарные вибрации их личности утрачивают свою силу. В этом случае приходится производить перемены в имени, чтобы его вибрации соответствовали вибрациям дня рождения. Выясняется, что простая перемена или замена букв в имени сама по себе уже приводит к желаемым результатам.

Каждый опыт есть знание и, следовательно, является полезным в повседневной жизни. На протяжении тысяч лет нумерологические знания практиковались во всех странах; знаменитые ученые и просто образованные люди получали ценные сведения из изучения в критические моменты своей жизни данного предмета. Если, изучая числа, мы сможем постичь законы природы, влияющие на нашу жизнь, мы обретем большее счастье, здоровье и больший успех в жизни — нужно лишь узнать гармонию и начать жизнь в соответствии с данными законами. Если мы сможем увеличить силу собственного числа путем постоянного повторения его и используя его силу в каждом своем поступке, мы сможем воспринять Космическую Энергию и направить ее себе на благо. Все это скажется также благостным образом и на нашей личности.

Каждая буква алфавита — это символ, имеющий свое числовое значение. Таким образом, каждое слово, если вы знаете значение каждой входящей в него буквы, рассказывает целую историю. Ваше имя приоткрывает ваши врожденные и сокрытые качества, ваши симпатии и антипатии.

Чтобы понять имя во всех его деталях, мы изучим значение каждой буквы алфавита.

А

Интеллектуальные способности, ментальная сила.

Вибрации А происходят из цифры 1. Это первая буква русского алфавита, и поэтому она всегда показывает на все главенствующее. А — буква очень определенная и требует порядка от других. Она должна лидировать, вести за собой, а не следовать за кем-либо. А определяет независимость. Здесь мы видим оригиналов, новаторов, творцов. А должна как можно чаще учиться, набираться опыта; она — зачинатель, постоянно ищущий перемен и приключений. Ее амбиции, ее вдохновение и самоопределенность ведут прямо к цели. Иногда очень агрессивна.

Первая ударная гласная А обладает силой числа 1. Когда она вибрирует, она заявляет: «Это Я! Я самая первая, Я должна делать то, что мне приказывает цифра 1, Я очень сильная буква, я лидирую, управляю, созидаю и изобретаю, Я использую ментальную силу, чтобы лучше выполнить стоящие передо мной задачи. Я знаю, что делать!»

Безударная А говорит: «Я, в принципе, тоже могу делать все это, но, конечно, не так, как ударная А. У меня дух первооткрывателя, но в отличие от ударной А, я не думаю так много об открытиях. Я поступаю или быстрее или медленнее. Я призвана продолжать движение, чтобы не прекращался поступательный процесс — и, кроме меня никто не окажется способным подхватить упавшее знамя. Я обладаю качествами лидера — и я часто нанимаю других, чтобы они заканчивали начатое мною. Мне нужно делать вещи так, как я хочу». Все эти качества А проявляются еще сильнее, если этой буквы в имени больше нет (и если больше нет безударных А).

Первая редуцированная А говорит: «Я тоже лидер, но вместе с тем я могу назначить лидерами и других; я обладаю сразу двумя вибрациями. Я использую ментальную поддержку А и чувство ответственности О». Таким образом, видно, что вибрации А дают силу, оригинальность, амбиции, интеллектуальную мощь и созидательность.

Б

Сострадание, нежность, готовность прийти на помощь, ориентация на будущее.

Сентиментальная, неопределенная, нескладная буква, нуждается в интимности; субъективная, стыдливая, ревнивая. Обычно участвует в глубоких эмоциональных любовных делах. Это последователь, не лидер, нуждается в привязанности и материнской опеке. Замкнутая, полная сил, изобретательна. Любит оставаться на одном месте. Интуитивна, мечтатель, мыслитель, дипломат.

Повышенно чувствительна, часто скромна, не хватает самоубежденности. Ищет вдохновения и поддержки, одобрения. Нуждается в том, чтобы развить сильную волю. Любит дом, нуждается в дружбе, не может работать в одиночку. Обычно обладает сильной личностью. Мягкая, молчаливая — у нее приятный характер, с ней хорошо общаться. Буква Б в начале имени свидетельствует об организации. Б требует сотрудничества, такта и дипломатии. Так как эта буква обладает двойственностью 2, то человек с Б может подчас быть положительным, а подчас отрицательным. Самая слабая черта — недооценка себя.

В

Созидание, знание.

Самовыраженная, красноречивая, изобретательная буква; обладатели ее — общительные, сильные, полные энергии, социальны, обладают большим воображением. В обладает вибрациями цифры 3, которые свидетельствуют о разнообразных талантах. Она тянется к знаниям, может отличить верное от неверного. Конформист, слепо следующий общепринятым традициям. Однако может осчастливить других. Если ее таланты находят применение, то может выразить себя в искусстве — музыке, живописи, пении.

Г

Логика, аналитические способности, любовь к открытиям, способность убеждать.

Талантливый оратор, чья речь всегда разумна, это не обычная болтовня, а призыв к настоящему делу. Людям свойственно обсуждать многие незначительные и даже пагубные, разрушающие душу вещи, которые не дают абсолютно никакого знания и не наполняют светом. Темы разговоров зачастую настолько низки, что они не наделяют собеседников ни вдохновением, ни благой, животворящей энергией. Погрязая в ненужной болтовне, которая провоцируется средствами массовой информации, услужливо подсовывающими никому не нужные сюжеты о мелких людях и торговцах, ничтожных политиках, люди отдаляются друг от друга и от высших сил, все глубже утопая в пучине невежества. При этом действительно важные темы для обсуждения отступают на задний план, на них просто не остается времени. Этой букве нужно всегда быть в центре событий, действовать. Для нее слово не должно расходиться с полезным делом. Обычно живет в мире и дружбе со всеми, так как ей свойственно чувство справедливости. В сфере бизнеса — путешествие. В силу душевной стабильности способна хорошо распоряжаться деньгами и выполнять нудную рутинную работу. Зачастую следует устоявшимся догмам и не может возвыситься над ними. Свойственна некоторая тугодумность и конформизм.

Д

Благодетельная буква.

Здесь видим много служителей человечеству; это люди деятельные, им просто необходимо помогать кому-либо. Любовь к переменам. Способность участвовать в выгодных сделках. Трудно долго сидеть на одном месте. Вибрации Д (5) связаны с любовными делами. Эта буква умеет приносить пользу окружающим. Это очень непредсказуемая буква, которой часто не хватает сил реализовать свои идеи. Не придерживается авторитетов, бестактна.

Е

Семья, дом, достаток, твердолобость.

Эта буква любит объединять все в одно целое, связывать прошлое, настоящее и будущее. Цельная натура, которая заботится не только о своем физическом и духовном развитии, но и о том, чтобы ее окружали гармоничные люди. Всегда действует по правилу «золотой середины». Ее привлекает искусство, она любит и понимает музыку. Может быть хорошим критиком в силу своего природного гармонического начала. Любит приходить другим на помощь. Физическую интуитивность следует преобразовать в интуицию духовную. Определяет в основном женскую энергию. Может быть глубоким философом. Девиз — действие. Е дает возможность развить в себе универсальное сознание.

Первая ударная буква Е говорит: «Я забочусь о добре, природе, материальных вещах. Мне необходимо действовать, мне есть чем заняться в этой жизни, и я хочу все успеть». Нумерологическое значение Е — 6. А мы уже знаем, что «шестерки» питают особую склонность к семье, дому, любят брать на себя заботу о других. Е ударное жаждет действия, оно ненавидит рутину. Е нужен объект для заботы, а когда его нет поблизости, то Е страдает. На Е можно положиться, это приятная во многих отношения жена, Е никогда не удовлетворены своими действиями, которые они считают недостаточными, что зачастую раздражает окружающих.

Первое безударное Е похоже по своему действию на Е ударное, но все его качества проявляются слабее.

Первое редуцированное Е более коммуникабельно, допускает, чтобы какие-то обязанности по дому брали на себя другие, и брак с ней более долговечен, потому что здесь начинают проявляться вибрации И.

Ё

Мучения.

У этой буквы всегда везде проблемы, которые надо решать, на ее пути — всегда преграды, требующие преодоления. Она была введена силовым методом Карамзиным — и до сих пор даже не везде прижилась: ее часто игнорируют на письме, отдавая предпочтение Е. С этой буквой всегда борется зло, которое периодически отрубает ей голову, но через некоторое время она вырастает снова. Задача Ё — устоять на ногах и не сломаться, а если при этом ей еще удастся не потерять интерес к жизни и не исполниться к ней отвращения, то она многого добьется.

Ж

Живость, способность преуспевать в торговле.

Буква, наделенная активной творческой формой сознания. Ее интересует буквально все: новые научные теории, новые места, вещи, люди. Свойственна особая одухотворенность своего мироощущения. Очень трепетно относится к самому понятию «жизнь». Ее жизненная миссия — использовать свои знания во благо человечества. То знание, которое подается на официальном уровне, в определенном смысле полезно: оно может умственно обогатить и дать возможность занять нужное положение в обществе, обрести уважение и авторитет. Но такое знание не вызывает в человеке коренных изменений, поскольку является поверхностным и не затрагивает сокровенных глубин души. Можно даже накоплять знания о знаниях и все равно остаться тем же, кем был и раньше. Если человек до поступления в университет был горделивым, трусливым или жадным, то он, даже и получив диплом об окончании, таким же и останется: горделивым, трусливым и жадным, возможно, в еще в большей степени. Химия, физика или география не могут изменить характер и отношение к жизни. Получив материальное знание и изучив методологию его постижения, люди все больше приклепляются к нему, незаметно для себя закрывая входы для знания о Боге. Занимаясь наукой посвящения, люди, напротив, обретают истинное понимание действительности и, что самое важное, постигают методы и способы изменения самих себя. Эта наука учит жизни, которая исполнена Божественной любовью и излучает высший свет. Это самое истинное знание, пребывающее в уме Господа; оно вечно и бескрайне. Буква Ж молчалива, любит одиночество. Очень самостоятельна, но полностью преданна своим наставникам, духовным вождям, особенно в молодости. Ее отличает особое чувство меры: она может держаться в середине. Ее нельзя толкать на что-либо: она обычно сама решает все свои проблемы. Свободное время любит проводить в кругу избранных друзей, беседуя на духовные темы.

З

Ораторские способности, стойкость к убеждению.

Буква упорного труда, любит работать до седьмого пота. Склонность к патриотизму, любовь к родине и к месту, где родилась. У этой буквы даже две вибрации — 8 и 7. Она лишена породившего ее духа. Люди, живущие с ней, отлично владеют формальной логикой, из них получаются неплохие программисты. Самонадеянна.

И

Последовательность, повышенная потребность в деньгах, тяга к сотрудничеству.

Огонь. Большая энергия, стремительность, порывистость. Эта буква чаще, чем другие, испытывает необходимость в том, чтобы научиться правильно распоряжаться деньгами, а также научиться их зарабатывать. Она испытывает подсознательную тягу к сотрудничеству, которую нужно всячески поощрять. Этой букве чаще, чем другим, нужно учиться находить равновесие между духовным и материальным. И может стать звуком Божественной любви. Присущ внутренний антагонизм, внутренний кризис. Старается показать отсутствие в себе этих противоречий и выглядеть преуспевающей, но это ее очень изнуряет. Свойственны неуправляемые смены настроения, но может держать себя при этом в руках.

Первое И обладает способностью знать нужды других. Это звук, заботящийся о других и оберегающий их. Он хорошо работает с другими, отличается добротой и понимаем чужих проблем. Ударное И не нужно представлять — ее и так видно: этот звук заявляет о себе миру во весь голос. Ему всегда есть чем заняться; он никогда не сидит без дела. Часто обладает талантом созидания, но иногда может быть упрямым, как осел.

Первое беглое И может работать в самых разнообразных местах с самыми различными людьми. Его часто можно увидеть в больницах, благотворительных фондах; это тип мягкого гуманитария. Ему известно, что надо делать и как.

Первое редуцированное И: большая, чем у ее двух сестер, ментальная беспорядочность. Из-за того, что можно спутать со многими звуками, склонно брать на себя слишком много. А вообще всем трем свойственно умение в минуту опасности сдерживать свои прихоти, не потворствовать им и принимать быстрые решения.

Й

Способность к преподавательской деятельности, желание поучать окружающих.

Буква Й обладает сразу несколькими вибрациями, она представляет собой и силу, и форму. Люди, живущие с Й, постигают ее уроки и переносят обретенную духовную силу на физический план. Й заставляет напрягать ум и постоянно выдвигает перед человеком разнообразные проверки и испытания. Направленность Й — из внешнего мира во внутренний. Она ближе, чем другие буквы, приближена к миру духа. Девиз Й: «Я ищу знаний, чтобы служить человечеству». Проявившаяся и исполнившаяся буква Й призывает встать на путь преподавания. Й учит свободе, учит тому, как порвать со старым и обрести нечто новое.

К

Сила убеждения, любовь к справедливости.

Эта буква чаще, чем другие, испытывает на себе восхищение окружающих. В немалой степени этому способствует присущая ей сила убеждать, заставлять других верить в свою правоту. Свойственен осознанный выбор, а не импульсивный порыв Эта буква религиозна, но не фанатична: либо это монах-послушник, либо человек, сознательно противопоставляющий себя Богу. Не уверена в своих религиозных воззрениях, поэтому подвержена сомнениям и поиску.

Л

Слуга мира духа и людей.

Выход в открытый космос, способна соприкасаться с миром духа непосредственно. Эта буква живет по своей, отличающейся подчас от общей кармы человечества, программе. Ее проблемы неразрешимы, а болезни зачастую неизлечимы. Про людей, живущих с буквой Л, можно часто сказать, что они — личность.

М

Высокая приспосабливаемость, любовь к умственной деятельности.

Внутренняя гармония, отсутствие острых углов. Эта буква раздумий, размышлений. Сильный изобретательный ум, приятие всего нового. Свойственна проницательность в творческих поисках. Среди людей, живущих с буквой М, часто можно встретить работников высших учебных заведений, юристов, адвокатов. Это мыслящая буква, которая может правильно судить и изобличать. Сама выбирает себе друзей по уму и творческому складу.

Н

Замкнутость, свой человек в узком кругу людей.

Своя буква в компании, единомышленница, патриотка. Вместе с тем может быть весьма замкнутой, если не может найти подходящего круга для общения. Одни могут говорить о полном непонимании человека, живущего с буквой Н, в то время как другие считают его чуть не болтуном, «рубахой-парнем». В душе чревоугодна, любит сплетни и секс. Коварна и изворотлива.

О

Любовь к раздумьям, одиночеству.

Одаренность. Самые многообразные таланты. Почитание и уважение в кругу сподвижников.

Добродушна и дружелюбна, к врагам нетерпима. Молчание или мудрые изречения. Знает границу между радостью и печалью и умеет находить равновесие во внешнем мире. Среди людей, живущих с буквой О, много учителей. О определяет магический круг, которым при определенных знаниях можно воспользоваться. Если у вас есть друг, живущий с О, берегите его — другого такого вам не встретить. А если таким человеком являетесь вы сами, то вам нужно как можно скорее научиться управлять своей энергией.

О — это круг и все, что с ним связано. Это могут быть и необузданные эмоции, и ментально-физические потрясения — но вместе с тем и любовь, надежная защита. Когда О вибрирует, мы слышим: «Я все сделаю для того, кого люблю, — больше, чем для тех, кто просто нуждается во мне. Я построю себе свой собственный дом и обставлю его так, как хочу. Мне нужно быть ответственной и нужно стараться быть положительной. Мне нужно быть нужной».

Первое безударное О с готовностью выказывает сострадание нуждающимся в нем, — но, для того чтобы в полной мере воспользоваться его расположением, необходимо работать вместе с ним или, по крайней мере, разрабатывать какой-нибудь план.

Первое редуцированное О — это почти А; ну а про А мы уже и так все знаем!

П

Умиротворенность, духовность.

Невозмущенность страстями, уравновешенность сердца. Чуткость и совестливость, непоколебимость воли. Это не успокоенность безделья, но покой силы, твердой уверенности в правоте своих взглядов. Высшее единение веры и духа. Буква П знает, что хочет, у нее есть и материальные, и духовные радости в жизни, она нашла свое место в мире. Свою мудрость П не старается донести до окружающих — ей кажется, что и так все ясно. На все вопросы у нее один ответ: «Такова жизнь».

Р

Бескорыстие, вселение веры в других, рациональность.

Буква Р стремится говорить ясно, чисто, складно, обдуманно. Огромное желание донести свои мысли до окружающих, которые часто не приемлют их из-за отсутствия четкой формы и последовательности. Потребность в сотрудничестве, дружбе. Если вы живете с буквой Р, то люди иногда упрекают вас в повышенной болтливости, но это не так: вы просто жаждете принести им пользу. Очень рациональная буква и ничего не делает просто так. Ее не так-то просто сбить с толку.

С

Повышенная эмоциональность, независимость, болтливость.

Пламенный оратор. Способность и любовь произносить зажигательные речи, качества драматического лидера. Непоколебимая сила убеждения. Если Р требует полного соблюдения своих указаний, то С в общении играет больше на любви, стараясь избежать любого принуждения. Очень сострадательная буква, готовая выслушать буквально каждого. Она знаменует собой путь бескорыстной возвышенной любви ко всему сущему, всегда апеллирует к высшему началу в человеке.

Т

Изобретательность, твердость.

Способность убедительно доказывать свою правоту, истину. Однако знания зачастую могут быть поверхностными. Буква Т побеждает лишь силой своего авторитета, который основывается на распространенном мнении, что ей «нельзя не верить». Не слишком доверяйте людям, живущим с буквой Т: они любят много обещать, но не выполнять обещания. Любит длительные обряды и церемонии, подчас утомительные для других.

У

Одаренность, консервативность, законопослушность.

Богатство души и ума. Эта буква свидетельствует о богатой событиями, разнообразной жизни. Это лоно, в котором рождается жизнь. Способна менять разнообразные формы энергии, умело используя каждую из них. У представляет вас на этой Земле. У защитит в час опасности и скроет от врагов. В то же время она весьма консервативна и придерживается признанных авторитетов. У может многого достичь, но подчас достижениями она сможет воспользоваться только сама. Живущие с этой буквой нуждаются в любви и в принятии нового. Они могут воспитать в себе склонность к переменам — нужно только постараться и поменьше секретничать. У буквы У мы видим целый кладезь самых разнообразных талантов. Это хорошие друзья, которые с готовностью поделятся с вами тем, что умеют. Среди них много декораторов, создателей красивых вещей. Их отличает мягкая речь, и они любят сотрудничать. Они неплохо рисуют, поют, танцуют, спорят, играют на сцене и так далее. Они умеют распоряжаться своим временем. У них много друзей, потому что они умеют дарить радость. Им нравится быть обожаемыми, и они тактично этим пользуются.

Первое безударное У может найти еще большее применение своим талантам и еще более искусно ими распоряжается. У него наблюдается сильная тяга к творчеству; одно плохо: творчество это подчас консервативно и не выходит за признанные рамки.

Первое редуцированное У может дать немного силы не только окружающим, но и себе. И если бы оно не тратило так много времени на секреты, то было бы намного лучше.

Ф

Интуитивность, способность к организаторской деятельности, осмотрительность.

Очень уравновешенная буква (это видно даже в ее графическом изображении). Буква Ф величава и грациозна; она олицетворяет разделенный на две половины круг. Она свидетельствует о духовной целостности. Ее речь — это целостная форма духа. Ее высказывания можно записывать, а затем издавать. В том, что она говорит, можно видеть истину — но, конечно, не абсолютную, а относительную. Поэтому любая попытка посягнуть на более обобщенные суждения часто терпит неудачи через некоторое время будет опровергнута (возможно, даже ею же) и станет несостоятельной. Ф персонифицирует собой идею «золотой середины». Люди, живущие с этой буквой, знаменуют собой символ вечной славы великих деяний, которым свойственны и действие, и противодействие, и движение, и противоположности. Буква Ф — это знак учителя, мудрого и энергичного.

Х

Многосторонность, сильная вера в справедливость, любвеобилие.

Смелая, выдающаяся буква. Люди, живущие с ней, любят начинать новые дела, а повышенная вера в справедливость придает им силы и веру в успех. Буква Х любит давать другим советы, которые действительно ценны и полезны. Она может заниматься с успехом врачеванием и целительством; причем зачастую то, что не удается другим врачам, получается у Х. Неплохо владеет гипнозом. Х вообще отличает большая многосторонность.

Ц

Артистичность, талант, молчаливость, внутренняя борьба.

Ц и Ч свидетельствуют о низменной безвредности, о мелких запретах. За букву Ц постоянно идет борьба между добром и злом, она все время испытывает на себе перипетии судьбы. К Ц привлекаются люди с нерешенными проблемами, а гармоничных людей она сама отталкивает. При определенных обстоятельствах Ц может удалиться в изгнание, дать обет молчания. Иногда на ней лежит печать безродности, что в какой-то мере сближает ее со своим окружением. Будьте осторожны при общении с людьми, живущими с буквой Ц: они могут вовлечь вас в какое-нибудь мероприятие, конец которого вполне может оказаться сомнительным или даже неопределенным.

Ч

Сострадание, недооценка себя.

Буква Ч еще в большей степени, чем Ц, безродна. Если Ц иногда ощущает свою племенную неполноценность, то Ч прямо-таки страдает от собственной ущербности. Если Ч живет рядом с вами, то она предложит вам жесткий аскетичный путь, изнурительные техники (разумеется, с неопределенным результатом). Среди Ч часто встречаются зануды и излишне прямолинейные. Но Ч — лучшие плакальщицы; если у вас горе — не медля идите к ней: вас утешат и пригреют.

Ш

Организаторские способности, суетность.

Ш — пустомеля, болтун. Не разборчиво на язык; от Ш неудивительно услышать двусмысленность или скабрезный анекдот. Буква Ш не заботится о своем будущем, видя благоденствие других, она исполняется все большей зависти. Однако у Ш наблюдаются способности к организации, природное тщеславие заставляет ее продумывать свои поступки, а любовь к сотрудничеству (а может, это осознание неспособности самостоятельного продвижения вперед?) подталкивает Ш к нормам социального поведения. С Ш всегда связана суета. Если вы воспитывались в пуританской семье и трепетно относитесь к нормам морали — держитесь от Ш подальше. Она умеет заманивать, потому что вместе со всем сказанным очень сбалансирована и знает, что твердо стоит на ногах.

Щ

Беспощадность.

Встречается нечасто. Буква Щ весьма активна и, как ее сестра Ш, очень суетна. Однако ее отличает большая жестокость, продуманность своих злодеяний. Щ переступит через труп. Добиться ее дружбы неимоверно сложно, но если вам повезет — трудно сказать, что из этого получится.

Ъ

Воровство.

В именах не встречается, поэтому расскажем об этой букве (которую сейчас называют твердым знаком) вообще. Когда-то этим символом обозначался определенный гласный звук (он сохранился, например, в болгарском языке). Потом этот значок потерял свое значение и до реформы писался в конце слов, оканчивающихся на согласную. Что можно сказать о Ъ? Это гуляка, вор, тиран. Там, где Ъ, — там шум, разврат, пьянство. Ему кажется, что кругом торжествует зло. Многие Ъ не могут удержаться в этом мире и пускаются во все тяжкие. Нелишне заметить, что Князь мира сего обращает на Ъ особое внимание.

Ы

Пьянство.

В именах встречается редко. Не намного лучше по своим вибрациям Ъ, хотя имеется тенденция к улучшению. Склонность к пьянству — но это не пьяница, а пьянь. Однако во хмелю испытывает блаженство: на низком уровне это грязь, а на высоком — почти святая.

Ь

Искушение.

Этому символу повезло больше — в именах он появляется чаще своих братьев ер'ов. Это колдун, который умеет заманивать и привлекать, чьи поступки, казалось бы, невинные, могут иметь далеко идущие последствия, а их кажущаяся невинность и непродуманность может обернуться коренными переменами.

Э

Страдания.

Вибрации чистого Э вступили в действие сравнительно недавно. Его вибрации, в общем, близки вибрациям Е. Эта буква «молода», и ее действие еще не до конца определилось: слишком мало времени прошло. Поживем — увидим.

Ю

Обездоленность, миротворчество, психическая сила.

Буква Ю не слишком богата, она вечно всем должна и не отличается большим умом. Вместе с тем это добрый волшебник, который не проецирует неприятности на других, а ищет причины своих бед в себе самом. Доброе слово Ю многое значит для страждущих. Ей присуща внутренняя целостность: ее могут посещать откровения, неведомые другим; некоторые люди, живущие с буквой Ю, обладают незаурядной психической силой.

Я

Покаяние.

На свете немало воров, и буква Я — один из них. Однако это раскаявшийся грешник, вступивший на путь исправления. Буква Я очень своенравна и любит «взбрыкнуть». Ей свойственны внутренние противоречия, которые постоянно приходится сдерживать. Любит предаваться лени и праздности. Но помним о том, что вибрации числа 3, в общем-то, неплохие, и большого зла от Я ждать не приходится.

Вибрации имен

Вселенная есть гигантский музыкальный инструмент с бесчисленными струнами. Струны вибрируют с разной частотой. Существует девять основных уровней вибрации, которым соответствуют цифры от 1 до 9. Каждая струна инструмента представляет человека, место или какой-нибудь предмет. Каждая вибрирует со своей собственной частотой, издавая свой слабый звук, присоединяющийся к звукам других струн, сумма которых создает одну общую ноту, которой в данный конкретный момент звучит Вселенная. Имя человека отражает свойственную ему «энергетическую» ноту, так как имя хранит в себе суть человеческого существа. Но, кроме этого, человек находится под сильным влиянием числа своего рождения, так как общая тональность вибрации Вселенной неизбежно накладывает отпечаток на его судьбу и характер.

Итак, имя человека испускает определенные вибрации. Необходимо, чтобы вибрации дня рождения и вибрации имени находились в гармонии. Если вибрации, испускаемые датой рождения и именем, не находятся в гармонии по отношению друг к другу; суммарные вибрации личности утрачивают свою силу. В этом случае нужно производить перемену в имени в соответствии с цифровым кодом, учитывая значения. Например, даже простая замена букв в имени сама по себе уже приводит к желаемым результатам.

Найдите полную сокращенную сумму числовых значений букв имени и сравните ее с числом дня рождения. Если, например, число 6 находится в дружеских отношениях с числом дня рождения, то такой человек может и дальше продолжать писать свое полное имя. Ему будет весьма легко в жизни, и все его жизненные цели будут достигнуты. Такое полное имя известно как имя судьбы.

Но если полное имя не находится в гармонии с датой рождения, то нам нужно определить, какое изменение следует произвести, чтобы добиться искомой гармонии. Нужно постепенно приписывать разные буквы и внимательно смотреть, будет ли цифровое значение нового имени соответствовать дате рождения. Как только мы найдем правильный вариант, нужно будет повторять новое имя много раз в день, например, можно писать его на бумаге в течение 5–10 минут. Древнейший способ приумножения духовных сил – исчисление.

Каждая буква алфавита – это символ, имеющий свое числовое значение. Таким образом, каждое слово, если вы знаете значение каждой входящей в него буквы, рассказывает целую историю. Ваше имя приоткрывает ваши врожденные и сокрытые качества, ваши симпатии и антипатии.

Число имени рассказывает о вашем внутреннем мире, ваших надеждах, мечтах, интересах, мотивациях поступков и желаний.

В таблице ниже указаны положительные и отрицательные качества людей с соответствующими числами имени:

Число	Положительные качества	Отрицательные качества
1	Духовность, творческое начало, творческий потенциал, самосознание, яркость, отличие от других, жизненное горение, заметность, привлечение внимания	Эгоцентризм, позерство, вычурность
2	Богатство внутреннего мира, психические способности, эмоциональность, тонкость, чувствительность	Капризность, двойственность, неустойчивость
3	Активность, воля, напор, натиск, агрессия, устойчивость, целеустремленность, динамика, энергия, воинственность	Хамство, грубость, резкость, ярость, злоба
4	Интеллект, общительность, способности к обучению, ловкость получения информации, способности к торговле, движению, быстрота, ловкость	Хитрость, коварство, лживость

Окончание таблицы

Число	Положительные качества	Отрицательные качества
5	Авторитетность, обладание властью, религиозность, любовь к сохранению традиций, могущество, способности к миссионерству	Авторитарность, тщеславие, надутость, чванство
6	Гармония, красота, чувственность, мягкость, уступчивость, эстетичность, умение ценить удовольствия	Лень, апатия, равнодушие, тунеядство
7	Четкость, разум, внутренний закон, духовный стержень, аскеза, одиночество, стойкость, выдержка	Мрачность, скорбь, мнительность, ханжество
8	Свобода и независимость, реформаторство, изобретательность, ясновидение	Цинизм, неуправляемость
9	Гармония, интуиция, любовь, проникновение в суть вещей, музыкальность	Лживость, замедленность, фанатизм, скрытность, погружение в иллюзии

Число имени 1

Единица в качестве числа имени может быть благостной. Людей, обладающих этим числом имени, долго помнят. Само по себе число имени 1 не способно приносить большой успех, но если ему помогает число судьбы 1, это приносит большую пользу — известность, сотрудничество, славу и внимание. Тем, у кого число имени 1, легко добиться прогресса во всех областях; оно помогает писателям, поэтам, музыкантам, актерам и лидерам. Число имени продолжает работать даже после смерти. Оно эффективно и благотворно только в общественной сфере.

Число имени 2

Число имени 2 — это число, приносящее изящество и молодость; успокоительный эффект этого числа делает своих обладателей довольными жизнью и миролюбивыми. Если оно находится в гармонии с числом судьбы, число имени весьма способствует славе. Обладатели такого числа имени часто испытывают перемены в своей жизни, но оно также может дарить им успех в таких областях, как импорт, экспорт и торговля лекарственными средствами. Это число имени способствует получению помощи от пожилых женщин в частности и от женщин вообще.

Число имени 3

Число 3 — это число имени, которое приносит юмор, известность и готовность прийти на помощь. Если оно находится в гармонии с числом судьбы, оно приносит удачу.

Обладатели числа имени 3 тверды, верны, самоорганизованы, умеренны; из них выходят хорошие рассказчики и красноречивые ораторы. Если оно находится в гармонии одновременно и с числом судьбы, оно придает своему обладателю качества лидера. С другой стороны, оно приносит людям высокое положение, а следовательно, и ситуации, где нужно много бороться за отстаивание своих идей и идеалов. Эти люди становятся мастерами на все руки и ведут себя соответствующим образом.

Число имени 4

В общем, 4 не является хорошим числом имени. Число 4 делает людей осторожными и подозрительными, оно не способствует созданию широкого круга преданных друзей. В бизнесе оно также не приносит большого успеха. По возможности, те, кто имеет в качестве своего числа имени 4, должны изменить его на число, гармонирующее с их числом: 1, 3 или 6. Это поможет им установить лучшие отношения с коллегами и защитит от тайных врагов.

Число имени 5

Пять является хорошим числом имени. Оно делает своих обладателей прогрессивными, общительными и живыми; дарует им популярность и наполняет позитивными вибрациями. Это число имени приносит большой успех в материальном смысле и хорошую репутацию. Имена таких людей вспоминают даже после смерти.

Число имени 5 благоприятно для писателей, поэтов, деловых людей, банкиров, спортсменов, издателей, журналистов, врачей, актеров, политиков и работающих в средствах массовой информации.

Число имени 6

Как число имени, 6 наиболее подходит поэтам, художникам, музыкантам и танцорам. Все, что делают «шестерки», быстро становится популярным.

Это хорошее число имени для тех, кто интересуется оккультными знаниями; такие люди обретают особую магическую силу.

Число имени 6 заставляет людей любить сотрудничество; они становятся добрыми, симпатичными, гостеприимными, милосердными, эмоциональными, отзывчивыми. «Шестерки» становятся социальными и превращаются в собирателей бесполезных слухов. Их легко увлечь внутренней и внешней красотой человеческих форм и природы.

Число имени 7

Число 7 составляет хорошее число имени. Такие люди приятны, дружелюбны, грамотны, космополитичны. Его обладатели становятся первооткрывателями — как ученые, писатели, художники, общественные деятели или мистики. Их имена в силу их оригинального образа мышления и философского подхода остаются в памяти народа.

Число имени 8

8 является хорошим числом имени. Люди с ним становятся популярными, дружелюбными, и их друзья, родственники и коллеги начинают их любить. Небольшая изолированность от окружающих помогает им избежать толпы, которая всегда нас окружает. В этом случае число 8 приносит успех, имя, славу, несмотря на то что трудности не исчезают. Все их проблемы не слишком сложны, и они способны побороть негативное сатурническое влияние.

Число имени 9

Число имени 9 делает людей искренними, выразительными, созидательными и независимыми. Оно наделяет их сильной волей, определенностью, силой и способностью выдержать трудности жизни.

Для политиков это хорошее число имени. Оно также хорошо для спортсменов, военных, художников, поэтов, музыкантов, композиторов и святых. Оно приносит им имя, честь, престиж и признание. Число имени 9 также заставляет людей тяжело и много работать и не оставляет им времени для развлечений и отдыха. Оно ведет к неугомонности, но также делает своих обладателей созидательными. Они используют свою неугомонность для самовыражения во внешнем мире. Они много работают над тем, чтобы создать лучшие условия для отдыха и наслаждения себя и своих окружающих.

Число имени 9 также способствует авантюрному и романтическому характеру, оно делает мужчин более мужественными и добавляет очарования женщинам. Особую помощь число 9 оказывает тем, кто вовлечен в духовную жизнь. Оно сводит таких людей со знаменитыми духовными учителями, провидцами, психиатрами. Подчас люди с числом имени 9 становятся сами такими же и получают известность благодаря силе своей интуиции и другим удивительным качествам. Все «девятки» должны заниматься той или иной постоянной религиозной практикой, которая подразумевает пение и физические упражнения.

Мистерия имен

В большинстве случаев люди известны по своим именам и фамилиям. Число, полученное из этих двух составляющих имени, также важно, но используемое имя означает имя, которое применяется на работе, — это полное имя. Таким образом, мы имеем три важных числа:

- число имени
- число фамилии
- число полного используемого имени

Влияние этих трех чисел проявляется при трех различных обстоятельствах. Влияние числа имени проявляется всякий раз, когда это имя используется. Влияние числа фамилии проявляется тогда, когда вас называют по фамилии. А влияние числа полного имени проявляется при работе с официальными документами, во время деловых контактов. В общем, полное имя, которое используется в банке или водительских удостоверениях, в паспорте, и является тем именем, которое дает число имени.

Каждое имя содержит в себе определенное число вибраций, настолько важное, что оно влияет на ум и личность человека, который носит его. Имя — это способ выражения, это канал, который можно назвать каналом жизни. Он дает возможность проявиться деятельности человека и приводит к успеху или к поражению. Итак, каждое отдельно взятое имя содержит определенные вибрации, такие как:

1) семейное имя то есть, фамилия, несет наследственные черты;

2) первое имя, известное как активное имя, доминирует над карьерой человека;

3) пассивное имя – это имя отца или мужа. Оно проявляется, когда пишутся только инициалы;

4) имя судьбы – это полное имя, даваемое при рождении.

Число имени играет ключевую роль в социальной жизни человека. В этом заключается причина, по которой после свадьбы к имени невесты присоединяют фамилию мужа. Считается, что добавление имени семьи к имени невесты создаст гармонию с мужем и женщина разделит достижения имени всей семьи. Но хотя при добавлении имени семьи – фамилии мужа – можно действительно достичь небольшой гармонии, такое добавление изменяет число имени женщины на враждебное число, создавая проблемы в социальных отношениях и работе. Часто происходит нивелирование индивидуальных достоинств женщины, впадание ее в ментальное рабство, откуда прямая дорога – в пучину невежества. Прежде чем проводить какие-либо операции со своим именем, тщательно все продумайте (особенно если со старым именем у вас жизнь была прекрасной). Не поддавайтесь на нажим родственников: подумайте, что важнее – угодить свекрови или обеспечить себе удачу и счастье на долгие годы. Если муж продолжает настаивать на том, чтобы вы взяли его фамилию, стоит задуматься о том, не подпал ли он под влияние демонических сущностей, нашептывающих ему верный способ заполучить новую жертву. Для настоящей любви неважно, какие у кого имена и фамилии.

Насильственное добавление чужого имени изменяет индивидуальность женщины и полностью меняет кодировку ее биоэнергетической матрицы. Перед добавлением или отбрасыванием слов или букв из имени необходимо проверять будущее предполагаемое число имени. В некоторых случаях добавление может принести удачу, а в некоторых нет.

Число имени играет очень важную роль в таких профессиях, как писатель, поэт, архитектор, политик, потому что влияние именно числа имени этих людей продолжает сказываться даже после смерти.

Вот характерные особенности людей, у которых число имени нечетное. Это застенчивые, спокойные, сдержанные люди, со скрытым творческим потенциалом, который нуждается в освобождении. Одни считают таких людей странными, другие — загадочными: и то и другое объясняется застенчивостью. Тем не менее они упорно добиваются своей цели.

А вот характерные особенности людей с четным числом имени. Это люди богемного типа, загадочные, одаренные до гениальности, способные проникать в смысл древних трактатов и философских работ. Возможны способности к изучению астральных сил и управлению ими. В этом случае равновероятно попадание под влияние как темных, так и светлых сил. Зачастую эти люди наделены чутьем и талантом драматурга. Актеры от природы, они с успехом пользуются этими способностями. В зрелом возрасте склонны к коммерциализации своей деятельности. Это тип людей с математическим складом ума и способностями к точным наукам. Одинаково легко преодолевают и снова создают себе трудности. Окружающим часто трудно понять таких людей, но они уважают их за умственные способности. Иногда могут стать основателями новых направлений нетрадиционной медицины.

Наше ментальное становление точно соотносится с датой, временем и местом нашего рождения — с того момента, когда мы делаем первый вдох окружающего нас мира. Астролог даст точное описание этого момента и составит карту рождения, но нумерологу вполне достаточно иметь точную дату рождения.

Выбор имени

Каждое число обладает определенной силой, которая основана на оккультной связи между взаимоотношениями вещей и принципами природной организации, которые как раз и выражают эту связь.

Число 1: выражает индивидуальность и возможную самовлюбленность, опору на собственные силы, уверенность и оригинальность.

Число 2: показывает взаимоотношения, физическую привлекательность, эмоциональность, симпатию или антипатию, сомнения и непостоянство.

Число 3: это число развития, возвышения, интеллектуальных возможностей, богатства и успеха.

Число 4: говорит о реализации, собственности, обладании, уважении, положении в обществе, материальности.

Число 5: свидетельствует о разуме, логике, этике, путешествиях, коммерции и полезности.

Число 6: выражает сотрудничество, женитьбу, взаимность, симпатию, игру на сцене, искусство, музыку и танцы.

Число 7: указывает на равновесие, соглашения, подписание контрактов, сделки, гармонию и разногласия.

Число 8: это число представляет собой восстановление, смерть, отрицание, распад, потери, угасание, уход.

Число 9: показывает проницательность, раздоры, энергию, предприимчивость, гнев и энергичность.

Имя, как и любое слово языка, являет собой метафизический образ, основанный как на лексическом смысле лингвистической единицы, так и на ее звучании. И та вибрация ритмов космоса, которую схематически представляет число рождения человека, может быть выражена посредством звукового образа. Если звучание имени резонирует с внутренней душевной заданностью человека, оно способствует максимальному раскрытию его духовного потенциала и, соответственно, улучшает его способность к общению с Богом.

В таблице, приведенной ниже, отмечены мужские и женские имена, которые отвечают наибольшему раскрытию духовных возможностей человека. Эти имена соответствуют числу месяца рождения (числа 10, 11 и 22 в данном случае не сокращаются):

Число месяца	Месяц рождения	Мужские имена	Женские имена
1	январь	Василий, Григорий, Петр, Афанасий, Кирилл, Тимофей, Арсений, Артем, Архип, Гавриил, Даниил, Яков, Илья, Сергей, Марк, Павел, Прохор, Родион, Филипп	Татьяна, Ксения, Анастасия, Евгения, Мария, Нина
2	февраль	Семен, Тарас, Василий, Александр, Алексей, Архип, Афанасий, Виктор, Виталий, Евгений, Яков, Кирилл, Максим, Михаил, Прохор, Роман	Анна, Валентина, Ксения, Светлана
3	март	Василий, Алексей, Гавриил, Иван, Александр, Арсений, Афанасий, Валерий, Виктор, Вячеслав, Геннадий, Даниил, Евгений, Яков, Константин, Лев, Леонид, Марк, Павел, Тимофей	Дарья, Мария, Анастасия, Галина, Кира, Маргарита, Марина, Светлана, София
4	апрель	Никита, Георгий, Марк, Яков, Алсксандр, Алскссй, Андрей, Вадим, Василий, Вениамин, Виктор, Даниил, Яков, Иннокентий, Иван, Максим, Марк	Мария, Алла, Анастасия, Гали на, Клавдия, Лариса
5	май	Федор, Федот, Константин, Леонтий, Никита, Александр, Алексей, Анатолий, Андрей, Арсений, Артем, Борис, Валентин, Виталий, Яков, Кирилл, Михаил, Петр, Сергей, Тимофей	Елена, Александра, Елизавета, Зоя, Ирина, Тамара

Продолжение таблицы

Число месяца	Месяц рождения	Мужские имена	Женские имена
6	июнь	Федор, Тимофей, Петр, Тихон, Павел, Александр, Андрей, Арсений, Борис, Василий, Гавриил, Геннадий, Дмитрий, Игорь, Леонид, Михаил, Павел, Сергей	Марфа, Мария, Агриппина, Антонина, Елена, Валерия, Клавдия
7	июль	Демьян, Афанасий, Илья, Борис, Глеб, Пантелеймон, Николай, Александр, Алексей, Анатолий, Андрей, Арсений, Артем, Валентин, Василий, Владимир, Гавриил, Даниил, Яков, Иннокентий, Максим, Марк, Прохор, Роман, Святослав, Сергей, Филипп	Мария, Анна, Елена, Ирина, Юлия, Маргарита, Марина, Ольга, София
8	август	Лаврентий, Андрей, Александр, Алексей, Борис, Валентин, Василий, Дмитрий, Яков, Илья, Константин, Леонид, Максим, Михаил, Павел, Петр, Роман	Наталия, Анна, Валентина
9	сентябрь	Семен, Михаил, Никита, Сергей, Александр, Анатолий, Андрей, Арсений, Архип, Афанасий, Вениамин, Виктор, Гавриил, Геннадий, Дмитрий, Яков, Игорь, Илья, Кирилл, Максим, Павел, Петр	Анна, Вера, Елизавета, Любовь, Людмила, Надежда, Наталия, Раиса
10	октябрь	Сергей, Дмитрий, Зиновий, Александр, Алексей, Анатолий, Андрей, Афанасий, Василий, Константин, Максим, Марк, Олег, Петр, Прохор, Роман, Филипп	Параскева, Анастасия, Зинаида

Окончание таблицы

Число месяца	Месяц рождения	Мужские имена	Женские имена
11	ноябрь	Михаил, Филипп, Матвей, Григорий, Платон, Роман, Георгий, Андрей, Арсений, Артем, Валерий, Вениамин, Викентий, Виктор, Гавриил, Дмитрий, Яков, Кирилл, Константин, Марк, Павел	Екатерина, Александра, Анна, Зоя
12	декабрь	Николай, Иван, Даниил, Александр, Анатолий, Арсений, Архип, Василий, Илья, Иннокентий, Кирилл, Максим, Михаил, Павел, Петр, Филипп	Варвара, Анна, Евгения, Анастасия, Анисия, Екатерина, Елена

Число имяславия

Это число определяется по первой букве имени. Его вибрации показывают, на чем основана ваша самость, ваше Я: это ваша основа, то, с чем вы пришли в эту жизнь. Число имяславия воздействует на ваше повседневное поведение и определяет ваш жизненный модус.

МУЖСКИЕ ИМЕНА:

Мужские имена, число имяславия которых равно 1:

Это имена, начинающиеся на А, К и У.

Первая буква	Имя
А	Абрам, Аввакум, Августин, Авдей, Авделай, Авдон, Авенир, Аверьян, Авим, Агапий, Агапит, Агафон, Аггей, Адам, Адольф, Адриан, Акакий, Аким, Аксентий, Александр, Алексей, Алеко, Ален, Альберт, Альфред, Амвросий, Анастасий, Анатолий, Ангел, Ангеляр, Андрей, Андрон, Анисим, Антип, Антон, Антоний, Аполлинарий, Аполлон, Ардалион, Аристарх, Аркадий, Арнольд, Арсений, Артем, Артур, Архип, Аскольд, Атанас, Афанасий

Окончание таблицы

Первая буква	Имя
К	Казимир, Калий, Калин, Каллистрат, Камен, Карел, Карп, Капитон, Касьян, Ким, Кир, Кирилл, Клавдий, Климент, Кондрат, Констатин, Корнелий, Кузьма
У	Ульян, Устин

Мужские имена, число имяславия которых равно 2:

Это имена, начинающиеся на Б, Ф и Ю.

Первая буква	Имя
Б	Багрян, Бенедикт, Благомир, Богдан, Болеслав, Боримир, Борис, Борислав, Боян, Бранислав, Братимир
Ф	Фаддей, Федор, Федот, Феликс, Феофан, Ферапонт, Филимон, Филипп, Фома, Франц, Фрол
Ю	Юлиан, Юлий, Юрий

Мужские имена, число имяславия которых равно 3:

Это имена, начинающиеся на В, М, Х и Я.

Первая буква	Имя
В	Вадим, Валентин, Валерий, Валерьян, Вальдемар, Вальтер, Варлам, Василий, Велизар, Велимир, Велислав, Венедикт, Вениамин, Венцислав, Викентий, Виктор, Виссарион, Виталий, Витомир, Владимир, Владислав, Владлен, Влас, Властимир, Всеволод, Вячеслав
М	Маврикий, Макар, Максим, Максимилиан, Маломир, Мануил, Марат, Марек, Марк, Маркел, Мартин, Мартын, Матвей, Меркурий, Мефодий, Милослав, Миролюб, Мирон, Мирослав, Митрофан, Михаил, Михей, Модест, Мстислав
Х	Харлам, Харитон, Христофор
Я	Яков, Ян, Ярополк, Ярослав

Мужские имена, число имяславия которых равно 4:

Это имена, начинающиеся на Г и Н.

Первая буква	Имя
Г	Гавриил, Галасий, Геннадий, Генрих, Георгий, Герасим, Герман, Глеб, Гордий, Горислав, Градимир, Градислав, Григорий, Гурий
Н	Назар, Натан, Наум, Нестор, Никандр, Никита, Никифор, Никодим, Николай, Никон

Мужские имена, число имяславия которых равно 5:

Это имена, начинающиеся на Д, О и Ч.

Первая буква	Имя
Д	Давид, Даниил, Даниэль, Дарий, Дементий, Демид, Демьян, Денис, Десислав, Дмитрий, Добровест, Добромир, Доброслав, Донат, Дормидонт, Дорофей, Драголюб, Драгомир, Дружемир
О	Олег, Онисий, Онуфрий, Орест, Остап, Остин
Ч	Чеслав

Мужские имена, число имяславия которых равно 6:

Это имена, начинающиеся на Е, П, Ш и Э.

Первая буква	Имя
Е	Евгений, Евграф, Евдоким, Евсей, Евстигней, Евстратий, Евтим, Егор, Елизар, Елисей, Емельян, Епифан, Ермолай, Ерофей, Ефим, Ефрем, Ефрон
П	Павел, Панкрат, Пантелей, Пантелеймон, Парамон, Парфен, Пафнутий, Пахом, Петр, Пимен, Платон, Поликарп, Порфирий, Потап, Пров, Прокл, Прокопий, Прохор
Ш	Шалва
Э	Эдмонд, Эдуард, Эльдар, Эммануил, Эмиль, Эраст, Эрнест, Эфрон

Мужские имена, число имяславия которых равно 7:

Это имена, начинающиеся на Ж и Р.

Первая буква	Имя
Ж	Житомир
Р	Радий, Радомир, Радослав, Радосвет, Рафаэль, Роберт, Родион, Ролан, Роман, Ростислав, Рубен, Рудольф, Руслан, Рустам, Рафаил

Мужские имена, число имяславия которых равно 8:

Это имена, начинающиеся на З и С.

Первая буква	Имя
З	Захар, Звездомир, Зиновий, Златозар, Златослав, Златосвет, Златоцвет, Зосима
С	Савва, Савелий, Самсон, Самуил, Светлозар, Светозар, Светомир, Святослав, Севостьян, Селиван, Семен, Сергей, Серафим, Сигизмунд, Сидор, Силантий, Симон, Славомир, Соломон, Софрон, Спиридон, Станислав, Степан

Мужские имена, число имяславия которых равно 9:

Это имена, начинающиеся на И, Й и Т.

Первая буква	Имя
И	Иван, Игнат, Игнатий, Игорь, Измаил, Илларион, Илья, Иннокентий, Иосиф, Ипполит, Ираклий, Исай, Исаак
Й	Йордан
Т	Тарас, Терентий, Тимофей, Тимур, Тихомир, Трифон, Трофим

Мужские имена, число имяславия которых равно 11:

Это имена, начинающиеся на Л.

Первая буква	Имя
Л	Лавр, Лаврентий, Лазарь, Лев, Леонард, Леонид, Леонтий, Леопольд, Лука, Лукьян, Любомир, Любослав, Людмил

Мужские имена, число имяславия которых равно 22:

Это имена, начинающиеся на Ц.

Первая буква	Имя
Ц	Цветомир

ЖЕНСКИЕ ИМЕНА:

Женские имена, число имяславия которых равно 1:

Это имена, начинающиеся на А, К и У.

Первая буква	Имя
А	Августа, Аврора, Агапия, Агата, Агафония, Агафья, Аглая, Агнесса, Агния, Аграфена, Агриппина, Ада, Аделаида, Аида, Акулина, Алевтина, Александра, Алена, Алина, Алиса, Алла, Альбина, Анастасия, Анатолия, Ангелина, Анжела, Анжелика, Анисия, Анна, Антонида, Антонина, Анфиса, Ариадна, Арина, Артемия, Афанасия, Аэлита
К	Капитолина, Карина, Каролина, Кира, Клавдия, Клара, Клементина, Клеопатра, Констанция, Кристина, Ксения
У	Ульяна, Устинья

Женские имена, число имяславия которых равно 2:
Это имена, начинающиеся на Б, Ф и Ю.

Первая буква	Имя
Б	Бажена, Белла, Берта, Бронислава
Ф	Фаина, Федосья, Фекла, Феодора, Феодосия, Филиппия, Флора, Фрида
Ю	Юлиана, Юлия, Юнона, Юстина

Женские имена, жизненный акцент которых равен 3:
Это имена, начинающиеся на В, М, Х и Я.

Первая буква	Имя
В	Валентина, Валерия, Ванда, Варвара, Василиса, Васса, Венера, Вера, Вероника, Веста, Виктория, Вилена, Виола, Виталия, Влада, Владилена, Владлена
М	Магда, Майя, Мальвина, Манефа, Маргарита, Марианна, Марина, Мария, Марта, Марфа, Матрена, Милица, Моника, Муза
Х	Христина
Я	Ядвига, Яна

Женские имена, число имяславия которых равно 4:
Это имена, начинающиеся на Г и Н.

Первая буква	Имя
Г	Галина, Генриетта, Гертруда, Глафира, Гликерия
Н	Надежда, Наина, Наталия, Наталья, Нелли, Ника, Нина, Новелла, Нонна

Женские имена, число имяславия которых равно 5:
Это имена, начинающиеся на Д и О.

Первая буква	Имя
Д	Дана, Дарья, Диана, Дина, Дорофея
О	Оксана, Олеся, Олимпиада, Ольга

Женские имена, число имяславия которых равно 6:

Это имена, начинающиеся на Е, П и Э.

Первая буква	Имя
Е	Ева, Евгения, Евдокия, Екатерина, Елена, Елизавета, Есения
П	Параскева, Пелагея, Полина, Прасковья, Пульхерия
Э	Эвелина, Эдита, Элеонора, Элла, Эльвира, Эльга, Эльза, Эмма, Эсфирь

Женские имена, число имяславия которых равно 7:

Это имена, начинающиеся на Ж и Р.

Первая буква	Имя
Ж	Жанна, Жозефина
Р	Раиса, Рахиль, Ревекка, Регина, Рената, Римма, Роза, Розалия, Роксана, Руфь

Женские имена, число имяславия которых равно 8:

Это имена, начинающиеся на З и С.

Первая буква	Имя
З	Зинаида, Зиновия, Злата, Зоя
С	Сабина, Сарра, Светлана, Северина, Серафима, Симона, Софья, Станислава, Стелла, Стефанида, Сусанна

Женские имена, число имяславия которых равно 9:

Это имена, начинающиеся на И и Т.

Первая буква	Имя
И	Изабелла, Изольда, Илона, Инесса, Инга, Инна, Ираида, Ирина, Ирма, Исидора, Ия
Т	Таисия, Тамара, Татьяна, Тереза

Женские имена, число имяславия которых равно 11:

Это имена, начинающиеся на Л.

Первая буква	Имя
Л	Лада, Лариса, Лаура, Лидия, Лия, Лолита, Луиза, Лукерья, Любава, Любовь, Людмила

Женские имена, число имяславия которых равно 22:

Это имена, начинающиеся на Ц.

Первая буква	Имя
Ц	Цецилия

Имя и цветовая гамма

Имя человека представляет мощную цветовую волну, способную усилить ментальные и духовные способности, а также увеличить жизнестойкость организма. Имя само по себе – это мощная энергетическая структура.

Каждая буква алфавита связана с определенным цветом; так и каждый элемент полного имени связан с определенным оттенком светового спектра. Возьмите чистые карточки (их количество должно соответствовать числу букв полного имени) и закрасьте каждую карточку в соответствии с нужным, свойственным каждой букве имени, цветом. После этого положите все карточки в ряд. На этот цветовой ряд очень полезно совершать медитации, а также визуализировать с помощью него свечение.

Буква	Цвет
А	белый
Б	желтый
В	красный, оранжевый

Окончание таблицы

Буква	Цвет
Г	темно-синий
Д	изумрудный
Е	голубой
Ж	серый, серебристый
З	бледно-оранжевый
И	красно-фиолетовый
Й	желто-зеленый
К	сине-фиолетовый
Л	изумрудный
М	перламутровый
Н	сине-зеленый
О	черный
П	алый
Р	оранжевый, янтарный
С	синий
Т	зеленовато-желтый
У	серый
Ф	бледный красно-оранжевый
Х	ярко-красный
Ц	красно-оранжевый
Ч	индиго
Ш	фиолетовый
Щ	темно-бордовый
Ы	коричневый
Ь	бледно-синий
Э	бледно-голубой
Ю	землистый
Я	светло-золотистый

Иногда не все цвета, требуемые для оказания целебного физического и духовного воздействия, можно получить, например при отсутствии нужных красок, цветной бумаги и т. д. В таблице ниже приведены возможные сочетания основных цветов спектра, при смешивании которых можно добиться желаемых переходных оттенков.

Требуемый цвет	Сочетание цветов	Пропорция
красно-оранжевый	красный + желтый	2 : 1
оранжевый	красный + желтый	1 : 1
желто-оранжевый	желтый + красный	2 : 1
желто-зеленый	желтый + синий	2 : 1
зеленый	желтый + синий	1 : 1
сине-зеленый	синий + желтый	3 : 1
бирюзовый	синий + желтый	2 : 1
индиго	синий + красный	2 : 1
фиолетовый	красный + синий	1 : 1
сине-фиолетовый	синий + красный	2 : 1
красно-фиолетовый	красный + синий	2 : 1
малиновый	красный + синий	3 : 1
пурпурный	желтый + красный + синий	1 : 1 : 1

Число имени	День недели	Числа
1	вторник	7 и 8
2	пятница	1 и 3
3	среда	3 и 6
4	понедельник	3 и 8
5	воскресенье	1 и 3
6	среда	5 и 8
7	пятница	6 и 4
8	вторник	4 и 5
9	четверг	5
10	суббота	7 и 8
11	суббота	1 и 8
12	пятница	1 и 8

Число рождения

Это число находится путем нумерологического сокращения суммы чисел дня, месяца и года рождения. Оно показывает, с чем вы были рождены в этой жизни и что вам следует делать для привлечения благостной энергии. Зная это число, можно определить, какова ваша природа и какими способностями вы обладаете, чтобы непосредственно работать с высшими энергетическими потоками. Это число определяет первоначальную кодировку биоэнергетической матрицы. Если это число находится в положительном аспекте, вы успешно достигнете поставленной цели. Если же ему свойственен отрицательный модус, придется много работать над тем, чтобы поменять знак присущих ему вибраций на противоположный.

1	январь
2	февраль
3	март
4	апрель
5	май
6	июнь
7	июль
8	август
9	сентябрь
10	октябрь
11	ноябрь
12	декабрь

День: 1 — 31
Год: 4 цифры

Число рождения	Отрицательные вибрации
1	эгоизм, высокомерие, хвастливость, лень
2	пренебрежение окружающими, повышенная чувственность, робость, неспособность к риску, склонность к самоуничижению, безволие, трусость
3	некритичность, нетерпеливость, болтливость, ревнивость, отсутствие самоуважения, нетерпимость
4	стремление командовать, критичность, давление на других, ленивость, нетерпеливость, несговорчивость

Окончание таблицы

Число рождения	Отрицательные вибрации
5	безответственность, потворство своим чувствам, равнодушие
6	гордость, бездушие, вмешательство в чужие дела, упрямство, подавление других
7	нетерпеливость, склонность к меланхолии, алкоголизму, скрытность, отстраненность
8	чрезмерная амбициозность, пренебрежение здоровьем, нетерпимость, злоупотребление властью, бессмысленная расточительность наряду со скупостью
9	озлобленность, скупость, уныние, робость, неопределенность, нерешительность
10	лживость, эгоизм, озлобленность, равнодушие, отстраненность

Число месяца рождения

Число месяца рождения связано на тонком уровне с соответствующей человеческой добродетелью. Внимательно посмотрите на соответствующее вам от рождения качество и старайтесь любыми способами культивировать его в себе. Это та благостная вибрация, которая изначально вам свойственна, которая имплантирована в кодировку вашей матрицы поведения.

Число месяца рождения определяется как сокращаемая нумерологически сумма входящих в порядковый номер месяца цифр:

Номер месяца рождения	Месяц рождения	Число месяца рождения
1	январь	1
2	февраль	2
3	март	3

Окончание таблицы

Номер месяца рождения	Месяц рождения	Число месяца рождения
4	апрель	4
5	май	5
6	июнь	6
7	июль	7
8	август	8
9	сентябрь	9
10	октябрь	1 + 0 = 1
11	ноябрь	1 + 1 = 2
12	декабрь	1 + 2 = 3

Число месяца рождения	Добродетель
1	любовь
2	радость
3	мир
4	долготерпение
5	благость
6	милосердие
7	вера
8	кротость
9	воздержание
1	любовь
2	радость
3	мир

Число года рождения

Вибрации числа года рождения показывают, какие черты характера доминируют в человеке.

Для нахождения числа года рождения сложите вместе все цифры года рождения, а потом сократите сумму до единичного числа. Например, если год рождения 1966, то число года рождения определяется как: 1 + 9 + 6 + 6 = = 22/4.

Позитивные, негативные и деструктивные аспекты чисел года рождения

	Позитивный аспект	Негативный аспект	Деструктивный аспект
1	Лидерство, оригинальность, независимость, амбициозность, активность, созидательность, интеллектуальность, логичность, смелость, прогрессивность, определенность, индивидуализм	Эгоцентричность, ленивость, эгоистичность, тщеславность, зависимость, боязливость, враждебность, слабость, упрямство, косность, нестабильность	Себялюбивость, маниакальность
2	Готовность к сотрудничеству, приспосабливаемость, восприимчивость, дружелюбие, теплосердечие, дипломатичность, терпение, тактичность	Зависимость, стыдливость, безразличие, беззаботность, равнодушие, хмурость, скромность, сверхчувственность, бесхарактерность	Нечестность, жестокость, сердитость, пессимизм, плохой нрав, лживость, трусливость
3	Прилежность, очаровательность, дружелюбие, доброта, талантливость, оптимистичность, созидательность, воображение, артистичность, общительность, чувство юмора	Тщеславность, хвастливость, экстравагантность, крикливость, болтливость, обыденность, мелочность, невнимательность, поверхностность, застенчивость	Ревнивость, нетерпимость, раздвоенность, сверхкритичность, бесполезность.
4	Организованность, опрятность, хозяйственность, лояльность, старание, прагматизм, практичность, величавость, терпеливость, ответственность, экономичность, точность	Необязательность, тщеславность, грубость, бестактность, скупость, надоедливость, подавленность, неумолимость, ленивость	Безжалостность, жестокость, ревнивость, злопамятность, вульгарность, бесчеловечность, ленивость

Продолжение таблицы «Позитивные, негативные и деструктивные аспекты чисел рождения»

	Позитивный аспект	**Негативный аспект**	**Деструктивный аспект**
5	Многосторонность, смелость, приспособляемость, прогрессивность, независимость, необремененность, непривязанность, общительность, любознательность	Ненадежность, медлительность, противоречивость, беспечность, безответственность, невоспитанность	Капризность, распутность, распущенность, невоздержанность в алкоголе и наркотиках
6	Надежность, симпатичность, стабильность, ответственность, уравновешенность, твердость, сознательность, сострадательность, музыкальная одаренность, идеалистичность, справедливость, жертвенность, альтруистичность	Неумеренность, упрямство, откровенность, тупость, озабоченность, самодовольность, подавленность, горделивость	Ревнивость, эгоистичность, подозрительность, циничность
7	Мудрость, сдержанность, вдумчивость, умелость, духовность, молчаливость, изобретательность	Критичность, мятежность, безнадежность, униженность, нервозность, необычность, смущенность	Непостоянство, смущенность, злобность, лживость, хитрость, подавленность, двуличность, скрытность
8	Самодисциплина, сила характера, выдающиеся способности, организованность, практичность, тщеславность, уверенность в себе, властность	Интриганство, ненадежность, бесхарактерность, эгоистичность, беззаботность, нетерпеливость, нетерпимость, отстраненность, расточительность, бесполезность, медлительность	Мстительность, жадность, несправедливость

Окончание таблицы «Позитивные, негативные и деструктивные аспекты чисел рождения»

	Позитивный аспект	Негативный аспект	Деструктивный аспект
9	Сострадательность, духовность, доброта, эмоциональность, щедрость, идеалистичность, романтичность, милосердие, симпатичность, бескорыстность, терпимость	Нервность, напуганность, поверхностность, сверхэмоциональность, эгоистичность, несдержанность, неустойчивость, непрактичность	Озлобленность, угрюмость, вульгарность, неэтичность, подлость, расточительность
11	Вдохновленность, духовность, идеалистичность, интуитивность, ум, религиозность, артистичность, изобретательность, поэтичность	Комплекс неполноценности, нечестность, бесцельность, эгоистичность, фанатичность	Нечестность, неумеренность, страстность, прожорливость, подлость
22	Практичность, честность	Себялюбивость, безыдейность, гневность, беспорядочность мысли, зависть, поспешность, хвастливость, комплекс неполноценности, безразличие	Склонность к совершению преступлений.

Числа даты рождения

Один — это число тех, кто родился 1, 10, 19 или 28-го числа любого месяца. Это число управляется планетой

Солнцем, указывает на оригинальность, активность, энергию, энтузиазм, искусство и великолепие. Если вы родились в одну из указанных дат, вы спонтанны, отзывчивы и обладаете способностью наслаждаться жизнью. Планета Солнце дает интеллектуальные возможности, и, следовательно, вам больше свойственна работа скорее умственного, а не физического характера: связанная с обучением, образованием, преподаванием, тренингом. Вы обладаете способностью занимать ответственные, управленческие должности. Ваша личность независима, но обладает приспособляемостью лишь до известной степени. Вы получаете знания через наблюдения и путешествия. У вас есть способность к письму и определенным формам литературной деятельности — журналистике, вы имеете контакты с газетами и издательствами.

У вас активный, созидательный склад ума. Подчиняться приказам, следовать указаниям для вас невыносимо. Так как вы самоуверенны и верите в свои возможности, вы никогда не медлите перед преодолением трудностей и решением сложных проблем. Вас отличают смелость, инициативность и лидерство.

Вы артистичны и обладаете многими талантами, но все они проявляются спонтанно. У вас есть вкус буквально ко всему, но вы выбираете только красивое. Вы наделены интуицией и редко глубоко вникаете в предмет. Даже тогда вы можете оказывать своими знаниями влияние на других, сверкать. Эти качества делают из вас героя.

Вы переменчивы и непостоянны в дружбе. Вы честны и знаете о своих неудачах. Вы быстро схватываете суть любого предмета и можете принять участие в любом разговоре. У вас есть предрасположенность к религии, но вы не фанатичны и не суеверны. Вы поражаете своим даром интуиции. По природе вы радостны, счастливы и ярки, ваш взгляд на жизнь отличается оптимизмом. В мыслях и поступках вы независимы, у вас большая сила воли. Иногда вы упорны и упрямы. Вы полны изобретательности, у вас есть творческие таланты. Вы лучше, чем средний человек, судите о человеческой природе. Для вас большее значение имеет новая идея, а не новые поступления в банк. Из-за своей любви к новым идеям вы всегда остаетесь молодыми.

Вам следует учиться, хорошо работать с другими, чтобы вы смогли большего добиться в жизни и улучшить производимое собой впечатление.

Родившиеся 1-го числа месяца

В финансовом отношении вас можно назвать удачливыми. Даже будучи в силу своей не в меру исполненной энтузиазма личности экстравагантными, вы зарабатываете вполне достаточно для того, чтобы поддерживать собственное благополучие. Возможно, вы и не накапливаете сокровищ, но ваша личность и ваше поведение заставляют других поверить в то, что вы человек богатый. У вас есть склонность к азартным играм, и если на нее не обратить вовремя внимания, вы можете много лишиться.

Основная ваша проблема – стремление не задерживаться подолгу на одной работе, не привязываться к какой-либо определенной профессии. Обычно каждые три года вы начинаете новую карьеру. Между тем, вы весьма подходите для работы с рекламой, газетами, кино и можете обрести успех на театральных подмостках. Вы можете проявить свой талант и как декоратор внутренних помещений. Поскольку вы являетесь хорошим продавцом, вам следует выбирать себе занятие, связанное с иностранными товарами широкого потребления. Вы — лидер; способны возглавить отдел, стать директором и так далее. Вы можете преуспеть как хирург, ювелир, электрик, в любых проектах, связанных с исследованиями.

По темпераменту вы аристократичны; люди притягиваются в ваш дом, где к ним относятся с большим уважением.

Мужчина, родившийся 1-го числа, щедр и хочет, чтобы его жена блистала в обществе. Вместе с тем он стремится, чтобы члены семьи плясали под его дудочку; он не переносит неуважения. Но по характеру он добр, отзывчив и сердечен.

Женщины, родившиеся 1-го числа, всегда предрасположены выходить замуж, любят своего избранника (при условии, что он обладает должным энтузиазмом, любит красоту, красиво одеваться дома и на людях). Тем не менее им редко удается найти такого мужа, и поэтому они часто бываете разочарованы в своей семейной жизни.

Родившиеся 10-го числа месяца

Вашим полем деятельности являются все формы изменений, перемен и превращений. Вы даете подпитку ментальным силам, проворству, энергии — вы заставляете течь реки. Вы исполнительны и можете вести к победе тогда, когда отступают другие. У вас созидательная оригинальность, и вы получаете наслаждение от решения сложных проблем. Вы обладаете притягательностью, вас уважают за знания и ум. Вы получаете финансовую поддержку со стороны родственников — отца, отчима, жены, матери и других. Успех придет к вам после 46 лет. Вы занимаете хорошее положение в бизнесе и в сфере обслуживания. У вас широкие плечи и решительный склад тела. Там, где требуется яркость мысли, вдохновение и умение быстро принимать конструктивные решения, вам трудно приспосабливаться к новым условиям, поэтому вам свойственно принимать импульсивные решения, основанные на ассоциациях с прошлым опытом. Ваша беспорядочность ведет к неожиданным неудачам, провоцирует споры; вы будете вовлекаться в конфликты на работе и постоянно рискуете своим местом. Вам нравится брать закон в собственные руки и идти по собственному пути, невзирая на желания и потребности окружающих. Любая попытка людей повлиять на вас только способствует тому, что вы еще прочнее укрепляетесь в собственном мнении. Вам нужно научиться не быть слишком властными: это может повредить вашему престижу.

Вы можете обрести славу и известность благодаря своей силе воли и характеру. Обычно у вас нет проблем со здоровьем, и после болезни вы быстро поправляетесь. Вам нравится помогать другим, но вы редко принимаете помощь со стороны окружающих. Это особенно справедливо в отношении родственников.

Родившиеся 19-го числа месяца

Вы очень активны, исполнены энергией, полны энтузиазма. Вы любите проводить разные исследования, и вам нравится ко всему относиться последовательно и методично. Вы принимаете быстрые решения и всегда находите себе то или иное занятие. Главное ваше хобби — спорт, вы интересуетесь верховой ездой, стрельбой, атлетикой. В любовных делах вы резки и вспыльчивы, что приводит к ссорам. Вы смелы и у вас сильный характер. Вы любите помогать другим, даже если для этого нужно свернуть с выбранного пути. Вы способны хранить чужие секреты; окружающие могут вам доверять. Другим довольно-таки трудно понять вас. Даже в компании других людей вам одиноко. Вы упрямы, и вам трудно развивать сотрудничество с другими людьми. Вы бережливы, замечаете даже мельчайшие подробности. Вас нельзя назвать прекрасным оратором, но вы можете намного лучше выразить свои мысли на бумаге. Следовательно, вы можете быть хорошим писателем. У вас есть многогранный опыт, что расширяет сферы вашей деятельности и развивает умственные способности. Ваш темперамент подвергается вечным человеческим испытаниям: любви, ненависти, самосохранению.

В словах, поступках и чувствах вы очень выразительны и настроены позитивно. За вами следует удача, но стоит вас поманить приключению, вы готовы тут же собраться в путь и уехать. Ваш символ — вращающееся от момента творения до момента совершения колесо, таким образом, вы обладаете разнообразным опытом. Вам нужно научиться не упускать возникающую на своем пути удачу и не позволять жизненным трудностям застичь себя врасплох.

Родившиеся 28-го числа месяца

Вы очень щедры и занимаетесь благотворительной деятельностью: школы, институты, больницы и так далее. Вы не так удачливы, как числа 1, 10 и 19, вам предстоит столкнуться с трудностями в общественной и личной жизни. Вам нужно очень тщательно выбирать своего партнера по браку. Вы должны обеспечить себе будущее, потому что вы легко можете лишиться доверия окружающих. Вам также свойственно испытать множество изменений в своей карьере. Вы не проявляете своих эмоций, поэтому кажетесь холодным. У вас несгибаемая сила воли, и вы не медлите перед тем, как приступить к выполнению своих планов. Поэтому вам лучше работать с помощником, партнером, чем в одиночку.

Не полагайтесь слишком твердо на собственные мысли или поступки. Если вас будут считать самодостаточным, вы можете лишиться того дружеского тепла, которое у вас еще есть.

Два — это число людей, рожденных 2, 11, 20, 29-го числа любого месяца. Среди всех этих людей наиболее удачливыми являются родившиеся 29-го числа любого месяца.

Число 2 управляется Луной, которая дарует нежность, артистичность и романтическую природу. Такие люди миролюбивы и вежливы. Их природа делает их изобретательными, но им не хватает определенности, и они не могут претворять свои идеи с той же силой, с которой это могут «единицы». Они нуждаются для выполнения своих идей и для определения уверенности в хороших проводниках.

Основные вибрации числа 2: сотрудничество, близость, чувствительность; уравновешенность и гармония, благосклонность.

Постоянные приливы и отливы Луны влияют на обладателей числа 2 больше, чем на кого-либо. Женщины этой группы переживают спады и подъемы более эмоционально, чем мужчины. Иногда они исполнены надежды, иногда впадают в депрессию; у них повышенная чувствительность, склонность к унынию и сентиментальности. Если на карте рождения Луна занимает хорошее место, они используют ее энергию в положительном и созидательном направлениях. В противном же случае быстро изменяющаяся эмоциональная природа ввергает их в ментальную агонию. Рожденные 20-го числа любого месяца переживают эту ментальную агонию особенно болезненно. При неудачном расположении Луны на карте рождения такие люди испытывают в жизни большие трудности. Если они рождены 29-го числа любого месяца, они могут легко найти себе помощь других людей и ведут сравнительно легкую жизнь. Мужчины, рожденные 29-го числа, отличаются ментальной силой, рвением к труду и удачливостью. Рожденные 11-го числа, обладают очень сильным духом, но, как правило, они слабы здоровьем и не обладают крепким телосложением. Они испытывают большие личные проблемы из-за того, что их сильная и требовательная природа изолирует их от своего круга друзей.

Основные вибрации числа 11: просветление, возбужденность, напряженность.

«Двойка» — это пара, дуэт. Она изменчива и легко приспособляема, но порой нерешительна. Это важный представитель, посредник, дипломат и миротворец, потому что единство может быть достигнуто только путем соединения различных мнений и компромисса.

Число 2 представляет собой женский принцип восприимчивости. Это период созревания, в котором все формируется. «Двойка» накапливает и ассимилирует энергию. Она поддерживает баланс между оппозиционными силами и поэтому являет преданность и партнерство.

Она относится с жадным вниманием к детям. «Двойка» так тонко осведомлена о противоположностях, что имеет врожденное чувство ритма и гармонии.

Материнские характеристики, такие как терпение и чувствительность, приводят число 2 к тому, что оно пропускает других вперед, перед собой. Единство — ее цель, поэтому она покорна и отзывчива к другим. Превыше всего она ценит гармонию и ассимиляцию. Это скорее последователь, чем лидер.

Все обладатели числа 2 любят жить в одиночку, а те, кто рожден 11-го числа, уединяются, чтобы самоизолироваться. Таким же образом, как Луна отражает солнечный свет, обладатели числа 2 отражают влияние своего окружения. Если эти люди интересуются политикой, они вводят реформы для изменения общественных структур.

Если это писатели, то своими произведениями они возвещают о переменах, ведущих к лучшему и более спокойному миру. Они посвящают свою жизнь бескорыстному служению и помощи другим.

Луна дает им любовь к запахам и благовониям. Эти люди обладают утонченным характером с повышенной эстетической восприимчивостью. Если это женщины, они особенно любят парфюмерию и готовят сладкие блюда, пирожные или кондитерские изделия, приправляя их особыми пахучими специями. Они также используют благовонную воду для омовений. Хотя женщины с числом 2 ориентированы на семью и искренни со своими мужьями, они очень романтичны и склонны к быстрым переменам в поведении. Они не ограничивают себя в том, что касается взаимоотношений только с одним мужчиной.

Если обладателей числа 2 унизить или причинить им вред, они превращаются в очень сильных, жестоких бойцов. Они придерживаются собственных решений, поступков, убеждений и смотрят прямо в лицо всем препятствиям до тех пор, пока не достигнут желаемого. Их нелегко обескуражить, они далеко не сразу сдаются. Луна представляет собой материнский принцип — предусмотрительность, терпение, любовь и заботу. Люди с числом 2 обладают всеми этими качествами, кроме терпения. У них доброе сердце, они нежны, готовы прийти на помощь и верны своему долгу. Они считают дружбу святой и жертвуют всем, что имеют, ради других. Так как Луна зависит от Солнца, получая от него свет, так и эти люди зависят от других чисел, они становятся более коммуникабельными и легко социализируются. Из-за своей постоянно изменяющейся природы они думают очень быстро и быстро принимают решение. Они эмоционально связаны с другими людьми и смело смотрят в лицо трудностям. Будучи доброжелательными по отношению ко всему человечеству, они придерживаются философии мирного существования: живи и давай жить другим.

Из-за того что «двойки» не любят ссор, они становятся хорошими миротворцами. Они выносят суждения в спорах таким изящным образом, что обе стороны чувствуют удовлетворение.

Они хорошие дипломаты и в качестве дипломатов используют свои инстинктивные и интуитивные способности для облагодетельствования групп, которые представляют.

Они любят путешествовать, посещение зарубежных стран придает им космополитический взгляд на многие вещи. Они не любят планов или приготовлений, сделанных для них другими людьми; они склонны к свободе.

Они отличаются меньшей смелостью и меньшей амбициозностью, чем другие числа.

Они по природе своей скрытны, подчас стыдливы и никогда не лгут. Хотя они не медля признают собственные промахи, иногда люди используют их слабость и эксплуатируют или очерняют их. Из-за своего постоянного беспокойства, которое поддерживается склонной к фантазированию природой, они иногда вынуждены выслушивать жестокие слова от друзей и родственников. Они ненавидят людей, дающих лживые обещания.

Хотя «двойки» легко признают свои ошибки и чувствуют сожаление, они никогда не изменяют своего поведения и даже не улучшают его. Они повторяют одни и те же ошибки снова и снова и страдают от этого. Они не особо любят логику и критику.

Если Луна не слишком хорошо расположена в карте рождения таких людей, они станут жертвами собственных заблуждений и нерешительности. Они становятся недоверчивыми, беспокойными и запутываются в собственных внутренних диалогах. Они также могут оказаться добычей людей, которые льстят им.

Люди с числом 2 интуитивны. Если Луна имеет хорошее расположение в их карте рождения, они осведомлены о намерениях тех, кто льстит им. Но молчат и позволяют обманывать себя, потому что вежливы и любят лесть.

Они искусные умельцы в том, что касается любви и красоты. Находясь среди людей с гармоничными вибрациями, они действуют уверенно и настаивают на своих мыслях с необычайной твердостью. Благодаря усердной работе, они добиваются успеха, несмотря на не очень крепкое здоровье.

Если число судьбы таких людей находится в гармонии с числом имени, они становятся твердыми и самоуверенными. Если еще, кроме того, Луна хорошо расположена в их карте рождения, они становятся хорошими собеседниками и выдающимися ораторами. Их ум будет четок и ясен, а разум и интуиция будут работать вместе. Если же между числом судьбы и числом имени дисгармония или же если Луна слаба или связана с неблагоприятной планетой, люди с числом 2 превращаются в одолеваемых сомнениями нервных спорщиков.

Люди с числом 2 обычно обладают способностью принимать точку зрения или предложения других людей и не могут сказать «нет» людям, создающим для них проблемы.

Они привлекательны, разбираются в искусстве и знают, как вскружить голову другим.

Им легко доставить радость, и это вынуждает их работать меньше, что позволяет выделять большое количество времени на витание в облаках. Это делает их менее практичными.

Мужчины с числом 2 удачливы в делах, связанных с женщинами, — женщины легко им верят. Они также могут влиять на женщин, манипулировать ими и легко вытягивать женские секреты.

Им следует избегать совместной работы над проектом с людьми, чье число судьбы 5.

Люди с числом судьбы 2 должны делать все по меньшей мере дважды. Редко бывает, чтобы они добивались чего-нибудь с первого раза. Они склонны растрачивать деньги и энергию с малой отдачей.

Родившиеся 2-го числа месяца

Это число управляется Луной. Луна говорит о сильном воображении, идеализме и мечтательном характере. Вы — исполнитель планов и проектов, выработанных и организованных другими людьми. Это не означает, что вы лишены оригинальности: ваша оригинальность заключается в том, чтобы найти оригинальный способ выполнения намеченного другими. Вы — хороший партнер; с вами легко работать. Вы наделены способностью легко постигать различать вещи, что проявляется в успешном ведении дел. Вы способны во время работы учитывать малейшие детали, не теряя при этом из виду конечной цели. Вы любите чистоту и аккуратность, предпочитаете строгую дисциплину вялости и апатии.

Вы наделены фантазией, но вам не хватает практического подхода. В своих мечтах вы частенько ведете разгульный образ жизни, поэтому вам свойственно сторониться людей. Вы не любите компании других людей, потому что считаете их слишком простыми для своего тонкого Я. Вы любите в жизни все естественное: море, цветы, пейзаж, широту неба. Вы получаете удовольствие, проводя часы к компании морских волн или обратив свой взор к звездам на небе.

Вы очень непостоянны, легкомысленны, любите перемены. Вы любите путешествовать, особенно в течение долгого времени: это удовлетворяет вашу потребность в новых впечатлениях.

Вам не следует предоставлять другим возможность пользоваться вашим добрым характером.

Родившиеся 11-го числа месяца

Эта дата считается сильным числом. Вы наделены высокой интуицией, вдохновлены высокими идеалами. Ваш магнетизм настолько силен, что вы испускаете почти электрические колебания и владеете почти любой ситуацией. Вы на редкость исполнительны, у вас созидательный, оригинальный и подвижный ум. Вы стремитесь защитить того, кого любите, вам нравится роль кормильца. Вы искренни и не любите скрывать собственные таланты и способности. Вы способны осознать тончайшие жизненные материи. Вы любите детективы и книги по мистической философии. Вы воздействуете на людей притягательной силой, но вы, однако, не спешите разделить с ними свою привязанность. Вы способны оказывать на людей влияние своими ментальными и вербальными указаниями; поступая таким образом, вы вынуждаете их действовать в соответствии с собственными желаниями. У вас большие скрытые психические возможности, которые вы можете при соответствующем подходе проявить: планета Луна дает вам способность ясновидения, впадать подчас в транс, становиться медиумом и заниматься психометрией. Вам следует научиться расслаблять свой ум и дух. Слишком большая вовлеченность в происходящие события может повергнуть вас в состояние депрессии, чего вы должны определенно избегать.

Вы обычно успешны в жизни и в любви, занимаете высокое положение и пользуетесь авторитетом. Вы лояльны по отношению к друзьям и входите в приближенный круг высокопоставленных особ. Но следует остерегаться тайных врагов.

Родившиеся 20-го числа месяца

У вас много друзей; вы получаете поддержку со стороны состоятельных женщин. У вас есть склонность к письму; вы можете стать писателем, романистом. Ваше процветание связано с водой – рекой, морем. Данная дата рождения указывает на новые планы, новые решения, делающие благо всему человечеству.

Если связывать 20-е число с будущими событиями, то оно говорит о задержке, промедлении. У вас горячее сердце, вы нежны и откликаетесь на каждый зов о помощи.

Родившиеся 29-го числа месяца

Вы обладаете способностью притягивать к себе людей. Вы любите сотрудничать, но скорее рассудком, а не сердцем. Вы обладаете способностью понимать людей, а ваша открытость позволяет вам иметь широкий круг общения. Вы глубоко интересуетесь своей домашней жизнью и всегда беспокоитесь о том, чтобы ваша семья была обеспечена всем, в чем нуждается.

Между тем вы легко поддаетесь сменам настроения, следовательно, вы неуверенны в своих поступках. Вы смелы, храбры, часто рискуете в жизни, но ни к чему до конца так и не привязываетесь. Вы смышлены, способны глубоко мыслить, но у вас есть склонность все преувеличивать.

Три — это число тех, кто родился 3, 12, 21 или 30-го числа любого месяца.

Большинство мировых религий признает троицу. С древнейших времен жертвоприношения совершались трижды, а клятвы давались три раза. Люди верят, что любое событие происходит трижды и что именно в третий раз оно будет удачным. По преданию, Иисус в 30 лет отправился в трехлетнее странствование. Он назначил себе 12 апостолов, из которых один его предал за 30 сребреников, а другой трижды от него отрекся. До сих пор принято хоронить умершего через три дня после смерти. При венчании супружеский обет читается три раза. В исламе развод наступает только после троекратного произнесения слова «талах». Пифагор и Аристотель основывали свою философию на трех столпах: Творение, Образование и Разрушение.

Как член семьи нечетных чисел, 3 является динамичным числом. Оно делает своих обладателей независимыми, твердыми, активными, любящими тяжелую работу, надежными, известными, дисциплинированными, самоуверенными, инициативными.

Люди с числом 3 очень амбициозны. Они любят идти в авангарде. Они хотят сделать что-нибудь великое в жизни, что-либо, чтобы их помнили потомки. Поэтому они постоянно думают о будущем.

В начале своей карьеры, которую они начинают довольно-таки скромно, им нужно много бороться. Эта борьба, однако, благотворно влияет на их рост и вдохновляет их.

Основные вибрации числа 3: жизнерадостность; энтузиазм, оптимизм, творческий потенциал, общительность.

«Тройки» не любят подчинительного положения, а также не любят низкоквалифицированной работы. Они озабочены большими проектами и пытаются сами для себя создать рабочие места, на которых были бы полновластными хозяевами.

«Тройки» — ученые жизни направляющие свою энергию на поиск практичных решений, чтобы расцветить жизнь, сделать ее более радостной и более привлекательной. Они осознают свою ответственность в этой области. С помощью своего острого чутья и логики они могут сражаться, ясно представляя себе поле битвы, получают хорошее понимание жизни. Являясь талантливыми собеседниками и могут ясно выражать мысли, «тройки» — хорошие советники, учителя, ораторы и писатели.

Они подвижны в собственных воззрениях и легко принимают то, что для них выгодно. Хотя они не являются приверженцами какой-либо религии, они религиозны в своей душе. Они верят в истину, ее практическое применение и красивое воплощение в жизнь.

Они любят успех и хотят быть успешными во всем, что делают. Они также любят, если их ценят буквально на каждом шагу. Подобно «единицам», им требуется много внимания, и ради его привлечения они пускаются на всевозможные ухищрения — они искусны в разговорах, любят шутку, каламбуры, жестикуляцию, позирование.

«Тройки» несут в себе качества проявления и самовыражения. Они пытаются отстоять свою индивидуальность и привлекательность. Это потребность в коммуникации и вовлечении в простую радость бытия. «Тройка» дарует солнечное великолепие и энтузиазм. Это экстраверт, чей личный магнетизм инспирирует других к расширению и росту.

С другой стороны, это исполнитель, которого природа наделила пониманием удовольствия, романтики искусства и красоты. А творческое воображение, присущее этому числу, делает возможным буквально все.

«Тройка» дружелюбна и экспансивна, она преуспевает благодаря своей общительности и многосторонности.

Ключевые слова: экспансивность, общительность, драматизм, коммуникативность, разнообразие, созидательность.

Люди этого числа не сидят без дела. «Тройки» тяжело и усердно работают на протяжении своей жизни и всегда чем-то заняты. Даже если они чувствуют потребность в отдыхе, они продолжают оставаться неугомонными и просто не могут расслабиться. Они могут на работе спать урывками; вот почему они способны одновременно разрабатывать много проектов. Если какая-либо задача становится для них утомительной, они переключаются на другую. Таким образом, они делают много вещей одновременно и получают деньги из разных источников. Они очень осведомлены относительно своего долга и считают выполнение его собственной йогой. Они придерживаются утверждения: «Преданность долгу — божественна».

Они успешны в выполнении любой работы, за которую берутся, и обычно заканчивают начатое. Это дает им уверенность, которая является ключевым словом их жизни.

Они следуют данному слову и выполняют обещание. Это делает их надежными. Они любят порядок и дисциплину. Они подчиняются приказам тех, кого уважают, и думают о том, как бы превзойти их. Люди этого числа хотят, чтобы всех, кто младше их и занимает подчинительное положение, поступали таким же образом. Это иногда создает проблемы, потому что они превращаются дома в тиранов и диктаторов.

Они удачливы в получении любви, признательности, помощи и руководства от пожилых людей и родственников, занимающих в обществе хорошее положение.

Они обладают крепким телосложением, здоровьем и полны сил. Они легко заводят друзей и имеют широкий круг знакомых.

Они всегда оптимистично настроены, созидательны, веселы, вдохновлены и полны юмора. Иногда они сами создают для себя проблемы, издеваясь над людьми, которые не ценят их юмора. Эти люди легко становятся их критиками и врагами. Их беззастенчивое и прямолинейное поведение часто обижает людей, и вокруг них образуется круг недоброжелателей (намного меньше, чем круг друзей и почитателей). Тем не менее им удается сохранять улыбку и не особо беспокоиться о своих оппонентах.

Они всегда окружены представителями противоположного пола. Слабость к ним — одна из проблем «троек». Между тем они разборчивы и вовлекаются в более серьезные взаимоотношения только с теми людьми, которые для них выгодны. Они могут иметь физические контакты, даже если не собираются связать себя с ними семейными узами, с теми, у кого число 1, 3 или 9. Но в целом они целомудренны и чисты. Они верны семейным клятвам и лояльны к своим партнерам — даже если не уважают их и иногда плохо с ними обращаются.

Они обожают своих родственников сильно привязаны к семье и с радостью относятся к требованиям соблюдения семейных обязанностей. Они лояльны по отношению к своим родителям и преданы им. Они жертвуют своим личным комфортом для сохранения атмосферы любви и гармонии в собственной семье. Даже если их партнеры беднеют, они становятся на их сторону и помогают им. Их жизненные партнеры обычно привлекательны, целомудренны и оказывают им полную поддержку.

Они являются универсальными помощниками и помогают всем, даже своим врагам, но только когда их попросят. Они преданы всем благим начинаниям и предлагают свою помощь сразу, не торгуясь.

Они обожают путешествовать и получают из этого выгоду. Им свойственно встречать множество знаменитых современников. Они любят верховую езду.

Их основная слабость — повышенная амбициозность, избыточный оптимизм и экстравагантность; они преувеличивают значение правды и бесцеремонны, им свойственны диктаторские замашки, они ревнивы и горды.

Люди с числом 3, родившиеся 3-го числа любого месяца, обречены бороться в жизни больше других, однако их борьба приносит в конце концов выгоду и успех. Те, кто родился 12-го числа любого месяца, обладают большей притягательностью и харизмой, чем остальные люди с числом 3. Они более удачливы, им приходится меньше бороться. Они получают от друзей и от людей, облаченных властью, помощь и добиваются успеха, начав с нуля. Те, кто рожден 21-го числа любого месяца, более неудачливы в жизни. Из-за влияния цифры 2 они не так успешны, как другие «тройки». А те, кто рожден 30-го, из-за 0 являются самыми несчастными среди людей числа 3, и им приходится бороться больше всех.

Родившиеся 3-го числа месяца

Юпитер стоит на страже морали, чистой любви и справедливости, милосердия; он известен как величайший благодетель. Вибрации, испускаемые этим числом, весьма гармоничны, наделяют человека симпатией и вынуждают совершать добрые поступки на всеобщее благо, исполняют благочестия по отношению к родителям. Злоупотребление же этими вибрациями вызывает усиление черт Юпитера, что ведет к ханжеству, особенно в религиозных делах.

Вы обычно в жизни удачливы. Испускаемые вами вибрации притягивают окружающих, и они стараются сделать вам добро. Судьи, выносящие справедливые и милосердные приговоры, церковнослужители, мировые учителя и философы — все они в основном управляются числом 3. Так как дата вашего рождения связана с массами, вовлеченностью в общественные дела, львиную долю вашего времени занимает общение с людьми. Ум и природное обаяние притягивают к вам много друзей, вы находитесь всегда в центре внимания. Вы разносторонни до такой степени, что иногда задумываетесь: каким образом в данной ситуации следует проявить свои таланты. По этой причине вам свойственно разбрасываться, поэтому вам следует знать, что сосредоточение усилий в одной области принесет большую пользу, чем бесполезная трата своих дарований.

У вас ярко выраженное желание обрести мир и гармонию, чувствительность ко всему; у вас медлительный, неспокойный характер. Вы вежливы и стремитесь находиться в хороших отношениях с другими людьми, но, чтобы избежать обмана со стороны других людей, вам требуется постоянно поддерживать в себе независимость, потому что окружающие прекрасно осведомлены о вашем нежелании ввязываться в споры. Вы способны приспосабливаться, но с трудом переносите критику, резкий отпор и все принимаете чересчур близко к сердцу.

Вы осознаете собственные возможности. Вы самоуверенны и принимаете собственные решения. Вы привыкли громко разговаривать. Вам нравится соблюдать законы, порядок, придерживаться режима.

Ваши страсти здоровы, спонтанны, лишены запретов. Вы свободны в самовыражении.

Вы живо интересуетесь спортом, и с малых лет вам нравится играть на улице. Вы наделены огромным энтузиазмом и умом, однако лишены эгоизма. Вы способны понимать окружающий мир и любить его таким, каков он есть, не стараться изменить его себе в угоду. Вы терпимы, наделены чувством юмора, правдивы. У вас широкий кругозор, вы совершенно лишены злобы и мелочной ревности.

Ваши основные качества: амбициозность, лидерство, склонность к религии, гордость, честь, любовь к природе, энтузиазм, щедрость, уважение и почтительность.

Родившиеся 12-го числа месяца

Вы довольно чувствительны, подчас ваш темперамент проявляется достаточно бурно. Иногда вы не в меру веселы и оптимистичны — в эти моменты, обладая способностью понимать окружающих, особенно если они находятся в беде, вы обретаете огромную популярность. С другой стороны, вы способны отбросить чрезмерную чувствительность и можете оставаться равнодушными к высказываниям и поступкам других людей; в эти моменты у вас отсутствующий вид, способный озадачить окружающих, потому что они не понимают, что они такого совершили, что лишились вашего обычного внимания.

Так как вы родились 12-го числа, вы — уравновешенный человек, наделенный физической и ментальной привлекательностью. Вы высказываете разумные суждения по многим вопросам, ваши поступки мотивируются высокоморальными этическим установками. Вас привлекает общественная жизнь, в этой области у вас богатая фантазия.

Важное место в вашей жизни занимают авторитеты и чинопочитание. Вы тщеславны, горды, амбициозны и стремитесь к славе. Вы любите удовольствия, вас влечет к себе противоположный пол.

Вы любите приносить жертвы окружающим, но возражаете, когда такой жертвой избирают вас самих.

Вы быстро замечаете любой пустяк. У вас возвышенные идеи; ваши отношения с окружающими ровны и гармоничны.

Родившиеся 21-го числа месяца

Вы добры, щедры, любвеобильны. Вы достигаете славы, завоевываете себе репутацию, и вас ценят в старости. Вы приветливы и любите путешествовать. У вас большое чувство самоуважения. Как ни странно, вы весьма подозрительны.

Вас считают удачливым, потому что вам везет, вы интересный человек, привлекающий к себе других.

Вас привлекают яркие, блестящие стороны жизни, вы находитесь в центре внимания окружающих. Вы любите многих людей, популярны как среди мужчин, так и среди женщин. У вас постоянное стремление завоевывать авторитет и возвышаться над окружающими.

Родившиеся 30-го числа месяца

Вы весьма привлекательны и постоянно окружены друзьями. Вы любите общественную жизнь, но это не означает, что вы несерьезны. На самом деле вам нравится делать свою карьеру. У вас огромные возможности, но вы разбрасываетесь собственными талантами и деньгами. Вы удачливы, щедры и оптимистичны. У вас благородный религиозный ум. Вы любите путешествовать и посещать места паломничеств. Вы можете преуспеть на поприще учителя, преподавателя, руководителя. Вы кажетесь вежливыми и искренними, но у вас имеются скрытые качества. Вы можете быть активными, но вы неугомонны. Когда вы сталкиваетесь лицом к лицу с трудностями, у вас достаточно сил, чтобы справиться с ними.

Четыре — это число тех, кто родился 4, 13, 22 или 31-го числа любого месяца. Среди них самыми удачливыми являются те, кто родился 31-го числа.

Основные вибрации числа 4: любовь к порядку, скованность; трудолюбие, практичность. Такие люди будут постоянно испытывать взлеты и падения. Оттого, что им приходится внезапно встречать такие перемены в жизни, у них развивается двойственная натура, и они не являются слишком доверчивыми людьми. Из-за своей неопределенности они на протяжении всей жизни должны спрашивать совета у других и действовать в соответствии с их рекомендациями.

Сомневающаяся натура таких людей делает их упрямыми и настойчивыми. Эти люди могут выдержать боль и не особо волнуясь переносят страдания. Они легко и терпеливо принимают любые перемены, любые взлеты и падения. Они твердо смотрят в лицо своим противникам. В обычном ли споре, в серьезных ли дебатах, они всегда на стороне неудачников. Если они способны работать в правительстве, то не находятся на стороне правящей партии, а предпочитают сидеть на скамейке оппозиции.

Будучи экстремистами, они всегда либо наверху, либо внизу. Они не любят быть посредственностью или принадлежать к среднему классу.

Для своего роста и развития они должны много бороться, постоянно встречая в любой совершаемой ими большой или малой работе препятствия.

Число 4 — это стабильность, осознание закона, системы и порядка. Это твердость, надежность, консерватизм. «Четверка» — строитель, который должен подчиняться земным вещам, где форма и содержание имеют доминирующее значение. 4 — сама природа и все то, что относится к земле.

Под числом 4 происходит неизбежная концентрация энергии, идет формирование. Ионы сознают, что они не могут больше расточать свои энергии, а должны начинать помещать их в упорядоченную систему. Поэтому «четверка» развивает практическую природу и через самодисциплину ограничивает себя в обусловленном проявлении своей энергии.

Ключевые слова: форма, работа, порядок, практичность, конструктивность, стабильность, выносливость, дисциплина.

«Четверки» любят конспирацию и иногда в молодые годы живут скрытно. Из-за своей тенденции не принимать существующие нормы, они идут к анархистам, террористам или преступникам. Однако они также боятся, что люди неправильно поймут их, и это заставляет их быть скрытными. Поэтому они чувствуют себя одинокими и покинутыми.

«Четверкам» не свойственна страсть накопления сокровищ. Если они получают деньги, то расточительно их тратят. Их образ жизни в роскоши и легкая трата денег заставляет думать окружающих, что они богаты. Их большое сердце заставляет давать деньги нуждающимся и бедным, поэтому друзья и родственники считают, что они очень богаты, хотя на самом деле это не так.

Это хорошие критики искусства. Они любят посещать выставки, концерты, театры, смотреть на древние реликвии. Они любят критически оценивать все это, но их мысли не отличаются ясностью.

В их уме нет ясного представления о жизни, поэтому они четко не осознают своих отношений с теми, с кем живут, или с теми, с кем связаны. Это создает проблемы в их семейной жизни и дружбе. То, что «четверки» не имеют четкой картины жизни, является результатом того, что события в их жизни случаются внезапно и они не в состоянии достигнуть того, чего хотят.

Им нравится создавать упорядоченность и равновесие в своей жизни, и они желают, чтобы все шло своим чередом. Если они поддерживаются гармоничными числами, то могут очень быстро достигнуть прогресса, приобретая богатство и становясь известными. Это происходит потому, что они строят практичные планы, много работают, имеют сильную волю и не боятся столкнуться с трудностями и противоречиями. Их дружеские отношения длятся в течение всей жизни, хотя настоящих друзей за всю жизнь у них не много. Они всегда чувствуют, что другие люди понимают их неправильно.

«Четверки» — приверженцы самообразования и по своей природе очень скрытны.

Существует два рода образования. Одно — для всех, приноровленное к общему пониманию. Другое — для избранного меньшинства учеников, испытанных и приближенных. Ученики проходят несколько ступеней, развиваясь умственно и духовно. Испытываются они упражнениями в лишениях, в диете, в гимнастике ума (память) и тела. Ученики духовно очищались умением терпеть, побеждать чувства, страдать, не замечать страданий и предаваться медитации. Зарок молчания, принимаемый на срок от двух до пяти лет, понимается как воздержание от лишних разговоров. Лишь после таких испытаний мистики посвящаются в тайную доктрину, входят в личное общение с Божественным.

«Четверки» не открывают своих секретов даже тем, кто им очень дорог и близок. Это приносит им сердечные проблемы, но им нравиться ощущать одиночество и нести все свои страдания в одиночку.

Они весьма эгоистичны и могут пойти на все ради выполнения своих эгоистических желаний, даже если это приносит вред другим.

Они дают лживые обещания и наживают за свою жизнь множество критиков, врагов и оппонентов.

«Четверки» — очень хорошие собеседники, которые всегда вежливы и терпимы во взаимоотношениях с представителями противоположного пола. Они очень чувствительны. И если «четверка» — мужчина, то это умелый сексуальный партнер. У него много любовных приключений, но они всегда неудачны. Дьявольски неожиданные изменения расстраивают свадебные планы «четверок». И хотя в этом не последнюю роль играют сомнение и неуверенность характера, случайно возникающие изменения приводят к катастрофе.

Женщина с числом 4 глубоко нежна в своих взаимоотношениях с мужем, друзьями своего мужа и другими членами семьи мужского пола. Она романтична и вежлива по своей природе. Она берет на себя ответственность и заботится о своем муже и его друзьях, своих и его родителях. Она принимает на себя всю боль, она по своей природе честна, уступчива и сдержанна. Она любит вести независимую жизнь и не любит, когда ей диктуют другие. Ей рекомендуется не иметь длительных взаимоотношений любого рода с людьми, чье число 4, 8, 9. Наиболее подходящими, симпатичными и гармоничными являются люди с числом 1, 3, 5, и 6.

Кроме всей критики и противоречий, неудач и страданий, которые они получают, люди с числом 4 в конце своей жизни достигают успехов и славы. Они могут получить выгоду при наследовании имущества.

Родившиеся 4-го числа месяца

Это число управляется планетой Уран, наделенной энергией, силой и успехом. Уран говорит о революции и неожиданном счастье в жизни. Обычно все происходящие изменения ведут только к лучшему. Это число свидетельствует о величайших возможностях ума. Оно показывает активность и разум, связанные с улучшением человеческой жизни. Особенность числа 4 заключается в том, что оно постоянно стремится что-то изменить в жизни, в обществе, высвободить ум из оков общественного окружения. 4 не терпит ханжества, любит искусство и музыку. В общем, вы обладаете такими же характеристиками, что и число 1, но все они находятся «в спячке». Это означает, что вам для проявления своих возможностей требуется определенный толчок вперед. Вы противостоите взглядам окружающих, ввязываетесь в споры; в результате вас часто неправильно понимают, у вас появляется большое число скрытых врагов, которые постоянно работают против вас.

Вы сдержанны и подчас скрытны. При обращении с людьми вы проявляете большие возможности, вы способны работать в трудных условиях намного легче, чем другие. Однако вы чаще, чем другие, встречаете на своем пути сопротивление и вам чаще приходится бороться. Вы наделены смелостью, можете высказать собственное мнение и поступаете так, как считаете правильным. У вас активная творческая жизнь. Вы всегда заняты работой, которая двигает мир вперед и служит на благо человечеству. На вас можно положиться, вы обладаете хорошей репутацией.

Родившиеся 13-го числа месяца

Вы — лидер, и вам нравится играть эту роль. Ключевое слово ваших поступков и мыслей — порядок. У вас неиссякаемый запас рабочих сил, вы недалеки от гениальности. Вы довольны, когда другим нравится ваше общество. Вам присуще очень тщательно формулировать свои намерения. Вашим усилиям свойственны точность и эффективность, которые венчает успех. Вам нравится вращаться в интеллектуальных кругах.

Вы независимы, своевольны, активны и стремитесь командовать происходящим. По природе вы смелы и не боитесь возникающей опасности. Вам можно посоветовать контролировать свою агрессивную импульсивность и чрезмерную независимость. Вы всегда любите сражаться с беспорядком. Ваш успех и ваша блестящая карьера начнутся после 31 года жизни.

Родившиеся 22-го числа месяца

У вас организаторские способности, и вы можете поддерживать собственный авторитет. У вас есть определенная гордость, и вам сравнительно легко добиться признания. Зенит вашей карьеры наблюдается в возрасте между 40 и 60 годами. Вам придется неоднократно испытать одиночество, потому что окружающие вас люди не будут способны подняться до вашего уровня мышления и восприятия. Первая половина жизни будет сложной, но вторая способна принести исполнение ранних амбиций и желаний.

При выполнении того или иного плана вы можете быть чрезмерно консервативны. Однако в силу повышенной уверенности в себе вам не свойственны сомнения. Вам предстоит так многого добиться, столь многого лишиться в жизни, поэтому — вперед!

У вас высокий рост и красивые глаза. Обычно вы занимаете высокое положение, не связанное с большой ответственностью. Вы тяжелы на подъем, постоянны. Но иногда ваши поступки неритмичны.

В целом, в своих делах вы удачливы, используете представителей противоположного пола. В семейной жизни вы счастливы, но вы также любите компании друзей. Сфера вашей социальной деятельности ограничена и у вас немного друзей. Вам безразличны споры. Вы экономно расходуете собственные чувства.

Родившиеся 31-го числа месяца

У вас есть амбиции, гордость и строгость. Вы интересуетесь почетными занятиями, например работой в благотворительных организациях, учреждениях для глухих и немых, инвалидов и так далее. Вы обретаете успех после 40 лет, но вы быстро добиваетесь результатов и завоевываете себе репутацию. Вы удачливы в финансовых делах. Вы — реалист, обладающий большой силой воли. Вы любите путешествовать.

Вы можете быть хорошим общественным лидером даже несмотря на то, что вы любите придерживаться установленного распорядка. Вы ориентируетесь только на собственные суждения. У вас творческие идеи, и вы знаете, где найти нужных людей, чтобы добиться их претворения в жизнь.

Пять — это число тех, кто родился 5, 14, 23 числа любого месяца. На протяжении всей жизни «пятерки» будут подвергаться критике.Оттого, что их точка зрения всегда отличается от точки зрения других людей, из-за того, что они покровительствуют неудачникам, они сами себе создают проблемы и наживают тайных врагов. Однако их намерения честны, и по своей природе они не являются склочниками. Это надежные и терпеливые друзья, которые могут адаптироваться к любым условиям. Но из-за того, что «четверки» обладают быстро меняющейся натурой — иногда мягки и вежливы, а иногда грубы и прямолинейны, — они часто раздражают друзей и родственников. Если их друзья понимают их и могут предсказать их темпераментное поведение, они найдут «пятерок» готовыми всегда прийти на помощь, обладающих большим сердцеми с блестящими идеями. Они упорядоченны и деятельны, особенно в руководстве большими предприятиями.

Они помогают обществу и в силу своего неудобного и вольного мышления способны проводить великие реформы, которые помогают бедным и обездоленным.

Они интересуются любыми реформами — направленными на улучшение окружающей среды, общества, а также собственного дома. Этот интерес может привести их в политику или в духовную организацию, где они смогут проводить реформы и стать во главе их.

По своей натуре — это мятежники, которые инстинктивно бунтуют против разнообразных правил и установок. Они не станут колебаться, чтобы нарушить закон. Когда они восстают против властей, они становятся знаменитыми. Однако они редко добиваются успеха в мирских или материальных делах, даже если отличаются прагматичностью.

Родившиеся 5-го числа месяца

Это число управляется планетой Меркурий, которой присущи такие качества, как проницательность, быстрота, научный подход, способности к бизнесу, промышленное мышление, интуиция и дипломатичность. Вы активны и быстры, это относится не только к физическим возможностям организма, но также и к умственным. Вы умелы и у вас хорошо развита интуиция. Вы успешны в игре, где вы используете не только свои руки, но и свой мозг. У вас есть способность судить о способностях своих противников по игре, и вы знаете, как воспользоваться их слабыми сторонами. Вы любите ораторское искусство, умело выражаете собственные мысли. Вы способны преследовать собственные цели, потому что знаете, как нужно спланировать деятельность, чтобы добиться исполнения задуманного. Вы глубоко интересуетесь оккультными предметами, овладеваете вещами, трудными для понимания. Вы — нервный, неугомонный человек. Вы можете быть и плохим, и хорошим. С хорошей стороны, вы проницательны, не злобны, не думаете о том, как нарушить закон. Вы любите свою семью и детей. Ваши удовольствия скорее ментального характера, и вы оцениваете каждую вещь с точки зрения ее делового применения.

Все, чем вы занимаетесь, совершается довольно-таки быстро, эффективно и определенно. Ничто не может загнать вас в угол; ради дела вам приходится много и быстро путешествовать. Вы любите перемены, разнообразие, многогранность.

У вас широкий и терпимый взгляд на жизнь, что усиливает в вас дух товарищества. Вы всегда будете стремиться помочь другим в беде, но вам придется придерживаться здравого смысла, потому что подчас окружающие будут стремиться просто использовать вас. Вас интересуют религия и философия.

Родившиеся 14-го числа месяца

Вы практичны, работоспособны, и там, где дело касается жизненных интересов, можете проявлять достаточное терпение. Многие из ваших желаний и стремлений связаны с деньгами. В вас сидит потребность делиться с миром собственными идеями, мнениями. По этой причине вы можете быть хорошим критиком.

У вас приятный характер, вас все любят. Вы склонны к сотрудничеству, вы не любите провоцировать окружающих. Вы обычно занимаете хорошее положение в жизни и успешны в бизнесе. В любви вы непоследовательны, и в ранние годы вам суждено пережить несколько романтических историй. В делах вам сопутствует удача.

Родившиеся 23-го числа месяца

Вы обычно пользуетесь популярностью среди представителей противоположного пола. Ваша удача связана с водой. Вы успешны в жизни, вас уважают, вы состоятельный человек. Вы можете получить деньги в результате наследования. Вы сами себе находите занятие. Ваши начальники помогают вам и защищают вас. Вам сопутствует удача.

Вы повышенно эмоциональны и переменчивы. Ваш словарь достаточно широк, и вы можете по-разному выражать себя — через речь, письмо, пение, чтение лекций, преподавательскую работу и демонстрацию. Вы наделены собственной свободой, вас ничто не связывает. Вы быстро выражаете свою преданность, таким образом, многие вами восхищаются. Вас привлекают быстродвижущиеся механизмы и быстрые методы решения проблем.

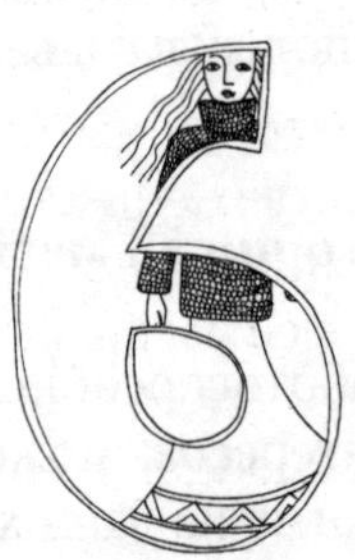

Шесть — число тех, кто родился 6, 15 или 24-го числа любого месяца. Такие люди притягивают к себе окружающих, они полны молодости, учтивы, велеречивы, любят роскошь, артистичны, обладают тонким вкусом. Они легко привлекают к себе представителей противоположного пола, которые обычно любят их и уважают.

Они легко тратят деньги, социальны и обладают возможностью встречаться с красивыми людьми. Они любят путешествовать и часто выезжают за границу. «Шестерки» всегда чем-то заняты.

Они чересчур заботятся о своей внешности и стараются всегда одеваться представительно.

Основные вибрации числа 6: ответственность, любовь; благосклонность, покой, помощь.

«Шестерки» не любят уродства, грязи, плохого управления делами, беспорядок. Они любят содержать свое место жительства в чистоте и порядке. Они любят украшать свои дома, комнаты, офисы, рабочие места.

«Шестерки» с любовью относятся к своим жизненным партнерам или к тому, с кем живут, и при любых обстоятельствах стараются доставить им радость. Их семейная жизнь заурядна, но длится долго.

Они не любят беспокойного окружения и не ввязываются в споры. Если кто-то начинает с ними сражаться, они бегут с поля битвы и всегда готовы к компромиссу.

«Шестерки» желают привнести в мир гармонию, правду справедливость и чувство равновесии. Эти люди готовы взять на себя социальные и семейные обязанности, а также быть ответственными за других.

Одаренная в искусствах, «шестерка» может выразить свой творческий потенциал через развитое чувство равновесия и стать прекрасным артистом в уникальной области.

Ключевые слова: семейная и социальная ответственность, служение, любовь, сострадание, исцеление, творчество.

Люди с числом 6 умны, тактичны и способны узнавать о тщательно охраняемых секретах других без малейших усилий. Перед тем как что-либо сделать, они любят подумать, и это замедляет их поступки. Но они любят свои медлительность и считают: «медленно, но верно». Когда от них ждут быстроты, они нервничают и все портят, совершая массу ошибок. Они стремятся оставаться мирными и не любят тех, кто поступает против их воли. «Шестерки» не любят отдавать приказаний, нетребовательны; они могут скрывать свои чувства и гнев за милой улыбкой.

По своей природе они скрытны и хранят секреты других, никогда не разбалтывая их.

Это универсальные друзья, хорошие члены семьи. Они заботливы и внимательны по отношению к своим семьям и понимают их радости и беды. Они поддерживают отношения со своими родителями, даже после того, уходят из дома. Они глубоко переживают горе своих родителей и делают все возможное, чтобы помочь им. Они верят своим друзьям и близким.

Из-за своего утонченного вкуса, хороших манер, предупредительности и мягкости они популярны в кругу друзей и становятся всеобщими любимцами. «Шестерки» экстравагантны.

Они довольно-таки удачливы и способны получить все блага и всю роскошь современной жизни — например, дом с садом, хорошую машину — еще до 45 лет.

«Шестерки» любят компанию и не могут долго жить одни. Однако существует большая разница между мужчинами-«шестерками» и женщинами-«шестерками».

Родившиеся 6-го числа месяца

Это число управляется планетой Венерой, которой присущи такие качества, как любовь, симпатия и поклонение. Вы — прирожденный артист, любите искусство, вас привлекает красота жизни. С вами приятно встречаться и интересно проводить время. Вы полны очарования, энтузиазма, энергии. Вы говорите живо и интересно. Для того чтобы понять вас и оценить ваши чувства, нужно отбросить в сторону представления о морали и общественных нормах поведения. В вас есть жизненная энергия, теплота, красота и шарм. Вы любите музыку, танцы, поэзию. Вам нравится проводить жизнь в роскоши и развлечениях, иметь много денег и быть счастливыми. Вы предпочитаете тратить, а не копить. У вас будет богатая одежда, ювелирные украшения, косметика и все предметы роскоши. Вы, несомненно, принадлежите к любящему типу, обладаете чувством родства и человечностью. Таким образом, вы никогда не бросите друзей и всегда готовы понять печали и трудности окружающих; вам свойственен рассудительный подход. Вы предпочтете радость скуке — и у вас есть способность вовлекать других в свои развлечения. Вы выглядите ярко и живо.

Вы сильно привязаны к семье, дому и мечтаете о том, чтобы сделать всех членов своей семьи счастливыми. Все ваше существование — это цепочка шагов наверх; с каждым таким шагом вы приобретаете необходимый опыт. Вы учитесь постоянно, и ваша мудрость растет очень быстро.

Родившиеся 15-го числа месяца

У вас неплохой ум и хорошая память. Вы подходите для ответственных должностей и можете быть послом, консулом, членом правительства. Вы весьма амбициозны и хвастливы, а по характеру вспыльчивы и горделивы. Вы интересуетесь низшими категориями оккультизма. Вы также неравнодушны к музыке и искусству. Вы производите впечатление вежливого человека, однако у вас довольно-таки строгие убеждения. Вам свойственно испытывать постоянные беспокойства и вести меланхоличную жизнь. Ваше предназначение — приносить жертвы другим.

Ваш дом, семья и друзья образуют круг, связывающий вас по рукам и ногам, но они ни в коей мере не беспокоят вас. Вы можете выступать как общественный лидер, читать лекции, проявлять себя в письме и работе на радио.

Родившиеся 24-го числа месяца

Вы удачливы в том, что касается получения поддержки со стороны вышестоящих людей. Вы пользуетесь представителями противоположного пола. Ваше процветание начнется после свадьбы, и, скорее всего, вашим партнером будет богатый человек. Вы преуспеете в биржевых спекуляциях и обретете прочное финансовое положение. Вы четко видите разницу между личным и общественным. В своих идеях вы методичны. У вас сильное эго — и иногда вы стремитесь убедить в своей правоте окружающих. Вы считаете, что без должного образования успех не наступит, таким образом, вы — учитель. Вам нравится находиться в окружении красивых вещей, и вы предпринимаете колоссальные усилия, чтобы добиться их.

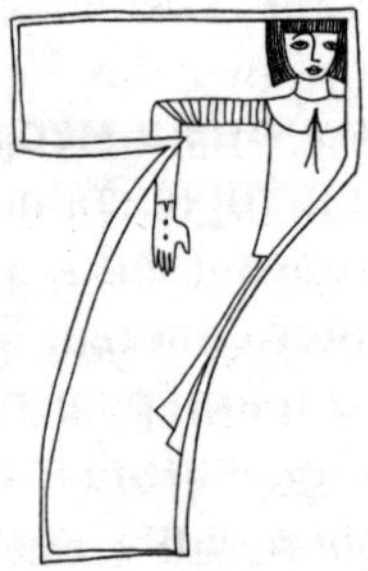

Семь — число тех, кто родился 7, 16 или 25-го числа любого месяца. Те, кто родился 25-го числа, являются наиболее удачливыми.

Люди с числом 7 нерешительны, разрушительны, неугомонны, мятежны и подвержены быстрым сменам настроения. Им предстоит встретиться в жизни со многими бедами, «семерок» считают неудачниками. 7 — число всевозможных переворотов и революционных изменений. Но все это не совсем так. Неудача — ключ к успеху.

Основные вибрации числа 7: анализ, понимание, созерцательность; поиск истины, духовное понимание.

Многие люди с числом 7 — одаренные поэты, художники, мыслители, судьи, реформаторы и ученые: даже несмотря на то, что все обладатели числа 7 требуют большего внимания, чем обладатели остальных восьми чисел; «семерки» нуждаются также в верном руководстве. Правильно направляемые «семерки» могут оставить в жизни заметный след.

Люди с числом 7 глубоко духовны и религиозны. У них доброе сердце, они социальны, романтичны, сентиментальны, у них благородная душа. Они оригинальны в своем самовыражении и независимы в своем подходе к жизни. Благодаря своему философскому взгляду на вещи, у них неповторимая индивидуальность. Они придают новое значение старым ценностям и старым истинам.

Они защищают личную свободу и не терпят несправедливости.

Это хорошие ораторы обладающие способностью заставить поверить публику своим доводам, так что даже их противники вынуждены принять их точку зрения.

Они дружелюбны и легко добиваются популярности — потому что не делают различия между богатыми и бедными, между королем и нищим, между хозяином и слугой. Они ко всем одинаково дружелюбно настроены и всем оказывают поддержку. По отношению к своим подчиненным и ученикам «семерки» наделены большой сердечностью.

«Семерка» старается основать собственную философию, по которой сможет жить; она старается проникнуть в мистерию, стоящую за ее существованием, о которой раньше не пыталась даже узнать. Для анализа необходимо одиночество, и «семерка» чувствует потребность проводить время вдали от толпы, в соприкосновении с природой. Она ищет дружбы с существами возвышенного сознания, которое сходно с ее собственным.

Ключевые слова: спокойствие, интроспективность, интуиция, анализ, вдохновение, уединение.

«Семерки» многолики. Но их основная черта — неуверенность. С виду «семерки» хаотичны и похожи на анархистов, однако внутри это хорошо организованные люди, обладающие постоянством жизненных принципов, с помощью которых поддерживают физическое и ментальное здоровье. Они умело составляют планы.

Это и идеалисты и материалисты в одно и то же время. С одной стороны, они легко раздают деньги, живут в утопиях и размышляют об универсальном космическом благе; с другой стороны, они умело генерируют и выгодно продают собственные идеи, не забывая при этом обращать внимание на деньги.

«Семерки» беспокойны: у них перегруженный проблемами ум и слишком активный мозг. Они любят перемены и обожают путешествовать. Если же они отправляются в путешествие, то делают все, чтобы узнать что-нибудь новое и заработать деньги. Особенно примечательны их деловые идеи на международной арене — потому что «семерки» генерируют блестящие идеи.

«Семерки» любят мистику и поддерживают вокруг себя мистическую ауру. Они стараются у всех чему-нибудь учиться и очень интересуются науками. У них своя манера объяснять идеи; «семерки» не следуют ни одной принятой религии. Они создают свою собственную идеологию и свою собственную религию, которая насыщена образами и имеет под собой неясную ненаучную основу.

«Семерки» верят в мирное сосуществование и могут подстраиваться под любое, даже совершенно чуждое, окружение. Они быстро воздействуют на умы людей, с которыми долго общаются. Однако «семерки» в городах и странах, которые посещают, становятся популярными далеко не сразу. Они очень социальны, но не любят, когда ими командуют. Люди числа 7 приносят удачу друзьям, коллегам и начальникам; когда они разрывают дружеские отношения, то причиняют другим много страданий. У них хорошая память; «семерки» быстро ко всему приспосабливаются. Подобно «пятеркам», с детьми они сами превращаются в детей; при общении с молодежью «семерки» молодеют, а с мудрыми людьми они — сама мудрость и здравомыслие. Они интересуются многими предметами и легко дают советы людям, обращающимся к ним за помощью. «Семерки» не следуют никакой конкретной идеологии, не входят ни в одну секту; в глубине сердца они любят только тех людей, кто принимает их советы и следует их инструкциям.

Они любят горы и вообще природу, а также путешествия в незнакомые страны.

Они храбры и легко идут на риск; обустраиваются в своей жизни к 34 годам.

«Семерки» — хорошие писатели, художники, поэты, которые могут выражать свои идеи любыми средствами. Какие бы средства они не избирали для самовыражения, они остаются оригинальными; их любимая тема исследования — философия. Это истинные ученые жизни, которые хотят привнести в жизнь рабочие доктрины.

«Семерки» в любом положении и ранге становятся выдающимися людьми и добиваются на работе высокого положения. Они много работают, испытывают в молодости множество трудностей. Так как «семерок» всегда недооценивают, они становятся преуспевающими и богатыми довольно-таки поздно. Они обычно удачливы в супружестве и имеют особые сексуальные требования к представителям противоположного пола.

«Семеркам» обычно помогают их друзья, и им выгодны такие отношения. Люди с числом 7 обычно еще в молодости встречают человека, с которым устанавливают взаимовыгодные дружеские отношения на всю жизнь.

Женщины с числом 7 всегда беспокоятся о своем будущем. Они тревожны, чувствительны, эмоциональны, привлекательны; у них чарующие светлые глаза.

Люди с числом 7 притягательны, приятны и очаровательны. Их нелегко обмануть, потому что они могут читать мысли других людей. Однако они не знают, как понимать свои собственные мысли, и иногда обманываются собственными фантазиями, утопиями и идеями. Их легко вовлечь в дела страны и людей, с которыми они общаются.

Несмотря на все сказанное выше, «семерки» бережливы. Им нелегко выбросить вещи в мусорную корзину; они быстро находят применение ненужным вещам. Многие из изумительных предметов, находящихся в доме, сделаны из вещей, выброшенных другими людьми.

«Семеркам» свойственно часто размышлять о прожитой жизни и игнорировать свои ошибки.

Они часто становятся наркоманами и подчас злоупотребляют спиртными напитками.

Родившиеся 7-го числа месяца

Это число управляется планетой Нептун, которой присущи те же качества, что и числу 2, управляемому Луной. У вас ярко выраженная индивидуальность, вы оригинальны и независимы. По своему характеру вы неугомонны и постоянно меняетесь. Вы любите путешествовать за границу и интересуетесь дальними странами. У вас необычные идеи относительно религии и вам противно идти по проторенной дорожке. Число 7 — духовное число, в вас развито Высшее Сознание. Вы подобны свободной птице, любите опрокидывать традиционные представления и нарушать общепринятые нормы. Величайшие пророки и спиритуалисты управлялись планетой Нептун. Ваше поведение — загадка для окружающих, часто вы бываете рассеянными. Вы склонны думать логически и достигать великих целей. Вы упрямы и пренебрегаете мнением окружающих. У вас хорошие способности зарабатывать деньги. В целом вас мало заботят материальные вещи. Вы хотите получить все или ничего. Вы чувствительны и скрываете свои истинные чувства под маской безразличия. Вы не любите смешиваться с толпой. Вы предпочитаете проводить свободное время с любимой книгой. Если у вас спрашивают ваше мнение, вы авторитетно высказываете его.

Вы искренни и вам свойственно стремление к свободе в мыслях и поступках. При нормальном стечении обстоятельств вы все-таки придерживаетесь общепринятого, но при слишком монотонном течении дел, или же если вы заподозрите насильно навязываемые вам ограничения, в вас просыпается мятежный дух, и вы начинаете поступать так, как вам заблагорассудится. Вы прирожденный счастливчик, полны энергии, оптимизма, но вам следует контролировать свои резкие порывы, которые могут привести к беспорядочности. Вы самоуверенны и можете вдохновлять других собственным примером.

Родившиеся 16-го числа месяца

Вы легки на подъем и не любите много работать. У вас хороший нрав, вы щедры. У вас повышенная чувствительность и эмоциональность. Вас просто обескуражить, но весьма скоро у вас опять появляется довольный вид. Вас часто выводят из себя. Вам везет с детьми. Тем не менее ваша семейная жизнь подчас полна проблем. Вы кажетесь спокойными, но ваш ум постоянно пребывает в беспорядке, и вы часто срываетесь. Вы не скрываете свою нервозность и медлите при принятии решений. Вы не терпите, когда вам мешают.

Вы скромны и не любите бравировать своей силой. Вам доступно понимание тонких жизненных материй. С одной стороны, вы любите читать детективы, с другой — литературу по мистике. Вы умны, подвижны, интеллектуально развиты. Вы сильно притягиваете к себе людей, но добиться вашей признательности нелегко. Вам нужно научиться расслаблять свой ум и дух. Слишком большая вовлеченность в разнообразные дела приводит вас к депрессии, а как раз ее-то вы и должны избегать.

Вы смелы и не страшитесь трудностей, успешно их преодолеваете.

Родившиеся 25-го числа месяца

Вы — мастер на все руки, но по-настоящему вы не умеете ничего. Вы интересуетесь многими вещами, но ни в одной области у вас нет глубоких познаний. Таким образом, ваши знания весьма поверхностны.

Вы любите путешествовать, особенно за границу. Вы честны, преданны, у вас хороший характер. Но вы непостоянны и противоречивы. У вас хорошая память, что помогает вам стать хорошим оратором, учителем.

У вас есть воображение, вы молчаливы и для своей семь и знакомых представляетесь чем-то вроде сфинкса. Ваша жизнь искренна, лояльна, честна, исполнена добродетелей. Вы ищете истину. Никогда не теряйте своих высоких идей и не жертвуйте ими!

Восемь — это число тех, кто родился 8, 17 и 26-го числа любого месяца. Это число уверенности и определенности, это также число загадки. Его обладателей в основном неправильно понимают даже ближайшие друзья и родственники. Это усердные работники, легко берущие все на себя; в их руках невозможное становится возможным. Это интроверты, они скрытные, терпеливые, глубокие, серьезные, меланхоличные, задумчивые, обладающие внутренним спокойствием и уравновешенностью.

Основные вибрации числа 8: удовлетворенность, достижение; стремление к успеху, власть, признание.

С общественными организациями, группами, обществами, с которыми они бывают связанными и кому посвящают всю свою жизнь, «восьмерки» очень искренни. Они не принимают большую помощь со стороны окружающих, потому что в основном любят делать все сами и не любят обращаться за помощью.

У «восьмерок» сильная напористость, которая может быть подчас непробиваемой, но развита способность к различению. Их сила воли и серьезный характер дают им силу успешно справиться с любыми проектами. Хотя «восьмерки» все время на своем пути и встречают множество препятствий, задержек, неудач, их сильная личность, настойчивость, воля и терпение ведут к выполнению поставленной цели, и, таким образом, они оставляют свой след в истории. Они верят в жизнь. И обычно они рождены, чтобы посвящать себя жертвенному служению человечеству.

Их жизнь полна борьбы; они не отступают, пока не достигнут желаемой цели, поэтому «восьмерки» — хорошие войны, политики и ученые. Это революционеры по своей природе, которые могут быть связаны с кардинальными изменениями в обществе, вызывая подчас необратимые разрушения. Между тем «восьмерки» стараются смиренно посвятить свою жизнь самопожертвованию ради бедных и угнетенных.

Их жизни непредсказуемы. Неожиданные перемены постоянно держат «восьмерок» в напряжении и заставляют приспосабливаться к новым обстоятельствам. Это препятствует пониманию их родственниками и друзьями. Именно поэтому их чаще всего воспринимают превратно.

В силу своей природной склонности к одиночеству, угрюмости, отсутствия юмора, неспособности ценить шутки они чувствуют себя очень одинокими. Их жизненный стиль делает их асоциальными. У них очень мало настоящих друзей, способных распознать нежную и ранимую натуру, глубоко запрятанную в их личности. Внешне они жестки, но в глубине души очень нежны, учтивы, смело смотрят в лицо любым трудностям и встают на защиту интересов своих друзей, готовы спасать их из всевозможных бед, наживая при этом себе множество врагов. Когда «восьмерки» сердятся, то вызывают раздражение окружающих и могут вывести из себя даже самого терпеливого. Они не успокаиваются до тех пор, пока не разобьют своих врагов наголову; они затаивают злобу в своем сердце до конца жизни, терпеливо выжидая нужного момента для нападения на врагов. Они с улыбкой встречают поражение и меняют свою стратегию, но не успокаиваются до тех пор, пока не отомстят. Это экстремисты, которые впадают в крайности и в дружбе и в ненависти.

Они не удовлетворяются малым успехом, а стремятся к самым большим почестям. Они считают свою работу служением и стремятся выполнять, чем бы ни занимались, только грандиозные вещи. Они ненавидят лицемерие, обман и сами очень честны, практичны и умны. Они становятся мудрыми еще в раннем возрасте и обретают способность судить других людей. Они чувствуют свое отличие от других и совершают вещи, запрещенные законом и обществом. «Восьмерки» не подчиняются существующим нормам и входят в конфликт с социальными и моральными установками. Это материалисты, заботящиеся в первую очередь о финансовой защищенности, хотя они и не гоняются за деньгами. Они любят свою собственную идеологию и могут ради денег заниматься любой работой. Зато после они могут все потратить на других. Совершенно не будучи подверженными эгоистическим мотивам, не ожидая ничего взамен. Они не могут тратить деньги на себя или на членов своей семьи. До 35 лет они вообще не могут копить денег и за свою жизнь встречаются с несколькими финансовыми кризисами. Но после 35 лет «восьмерки» получают возможность открыть банковский счет. Им начинает нравиться наблюдать за увеличением своего счета, и они перестают легко растрачивать деньги. Заработав достаточно денег, они пытаются развить свои ментальные качества. Они не следуют интуиции и стараются постичь оккультные науки, религию, философию, медитацию. Хотя они не испытывают глубокого и действительного интереса к религии, они опять впадают в крайности, и если им повезет обрести хорошее руководство, то могут впасть в состояние глубочайшей медитации.

Родившиеся 8-го числа месяца

Это число управляется планетой Сатурн, которой присущи такие качества, как обостренное чувство дисциплины, непоколебимость, постоянство и верность долгу. Таким образом, вы — довольно-таки трезвый человек, замкнутый в себе. Вы любите классическую музыку, предпочитая меланхолические мелодии. В живописи вас привлекают ландшафты, изображения природы и цветов. Считается, что число 8 уравновешивает характер. Вы пессимист. Вы предпочитаете шумной компании одиночество. Вы скорее сторонитесь людей, чем стараетесь добиться их расположения. Вас беспокоит будущее; свои решения вы тщательно обдумываете. Вы предусмотрительный, мудрый и рассудительный человек. Вы никогда не бываете чересчур восторженны, не впадаете в меланхолию. Вы амбициозны и упорны. Для того чтобы добиться желаемого, вы предпринимаете неимоверные усилия. Вы скептик, аналитик. Вы созидательны, продуктивны и властны. Вас часто понимают неправильно; обычно в глубине души вы испытываете одиночество. Вы понимаете слабых, униженных и относитесь к ним по-доброму. Вы прирожденный менеджер, который всегда найдет чем занять других. Вы сторонник честной игры и всегда готовы заплатить штраф. У вас хорошая память на имена и лица.

Многие вещи в жизни требуют силы, мощи — именно этого-то у вас в избытке! Вы обладаете способностью шутя справляться с материальными проблемами, вы заботливо, честно и эффективно помещаете средства. Когда другим нужна помощь, они обращаются к вам, потому что вы обладаете глубоким пониманием проблем окружающих и в корне видите причины их бед.

Вас притягивают руководящие должности, но вы не позволяете другим взваливать на свои плечи груз непомерных обязанностей, таким образом, вы пользуетесь доверием и расположением окружающих. Вы можете усердно работать и будете являть собой пример для окружающих. По этой причине вы также будете сталкиваться с определенными трудностями, когда захотите, чтобы другие что-нибудь для вас сделали. Вы подчас даже будете страдать от этого, у вас будут опускаться руки, жизнь будет утрачивать свой смысл. В такие периоды не старайтесь найти себе подходящую компанию для общения, а лучше займитесь общественными делами.

Родившиеся 17-го числа месяца

Вы хороший организатор и мыслитель. У вас творческий, конструктивный ум. Вы любите мир, вы — филантроп. Вас привлекает оккультизм и мистицизм. Вы смелы и горделивы. В эмоциональном отношении вы весьма спокойны. Временами вы слишком щедры, временами скаредны. Вы интересуетесь последними открытиями, вас влекут к себе знания. Вы консервативны и властны.

Ваша собственная застенчивость может подчас вас шокировать. Это происходит потому, что вы привыкли командовать и иногда пропускаете то, что не лежит на поверхности; вы — весьма ранимый человек. Когда вы расширяете сферу своей деятельности, оказывается, что нет такого, чего бы вы не умели делать. Успех приходит к вам через собственные идеи и мудрый способ привнесения их на рынок.

Родившиеся 26-го числа месяца

Вы хотите, ничего не делая, наслаждаться жизнью. Вы медлительны и апатичны. Вы уделяете слишком большое внимание алкоголю, противоположному полу; вы ветрены, и вас не волнует, сколько у вас детей. Вы удачливы в делах, деньги достаются вам сравнительно легко. Вы хитры, но вам недостает доброго отношения к жизни. У вас приятная внешность, при этом в глубине души вас раздирают сомнения. У вас проблемы в любовных делах.

Вы заботитесь о достатке, своем и своих близких. Вас привлекают большие дела, и вы счастливы, когда удается принять участие в каком-либо совместном проекте. Ваша исполнительность может помочь вам выступать в качестве советника, вести собственное дело. Хотя вы нежны, вы этого никак не проявляете. Вы наделены жизненной силой и энергией.

Девять — это число тех, кто родился 9, 18 или 27-го числа любого месяца. Планета огня и тепла, Марс, создает сильный поток энергии, с которым нелегко совладать. Он делает людей с числом 9 беспокойными; они постоянно чем-то занимаются. Они не могут начать отдыхать, пока не преуспеют в достижении желаемых целей. Это борцы, и они с боем идут к вершине любой выбранной ими дороги.

Основные вибрации числа 9: самоотверженность, сострадание.

«Девятки» обладают духом спортсменов, им свойственен дух соперничества. Они очень смелы и любят приключения. Они амбициозны и благодаря своей сильной воле и определенности быстро добиваются прогресса на выбранном пути. Они быстро реагируют на любую ситуацию и переходят в состояние готовности по первому же сигналу, у них сильные внутренние защитные механизмы, и они всегда готовы отразить нападение. Этим они часто создают себе врагов.

Окружая всех любовью, «девятка» желает направить свою энергию на служение вселенной. Она дарует безличный, но справедливый взгляд на жизнь, великодушный, благожелательный и терпеливый. Это художник и мыслитель, который развил свое мастерство во время предыдущих воплощений и теперь готов поделиться своими знаниями с остальным миром.

Закон цикличности не допускает промедления и требует вложения для скорейшей отдачи. Когда это делается добровольно, то опыт, приобретаемый «девяткой», приносит радость жизни и свободу.

Ключевые слова: сострадание, терпение, универсальность, самоотверженность.

«Девятки» любят заканчивать начатый спор и не особо тяготятся собственными проблемами, а также не растрачивают попусту энергию. Эти люди любят высказаться. Влияние Марса дает «девяткам» непостоянный характер; этих людей очень просто «завести», а их взрыв будет сильнее взрыва бомбы. Они не верят в то, что нужно ждать подходящего момента для нападения: это оптимисты, они независимы, у них неиссякаемый источник энергии. Они не любят жить на пожертвования или быть кому-то обязанными, они свободны, искренне, бесстрашны, порывисты. Это тираны, экстремисты, постоянно поражающие мир своими выходками, что иногда приводит их к печальному концу. Но даже такой конец они встретят смело и не испугаются смерти и разрушений. «Девятки» — это работники, любящие трудности; они полны энтузиазма, вдохновения и всегда спешат достигнуть намеченной цели, они ни терпят вмешательства в свою работу и ненавидят критику. У них огромное чувство ответственности. Что бы они не делали, они ведомы собственной искренностью и верным пониманием положения, что заставляет их поступать всегда по-своему. Они очень хорошо о себе думают и считают, что и все должны думать так же. Их властный характер способствует ввязыванию в дискуссии и споры с людьми, которые подвергают критике каждый их шаг. В молодости они вынуждены испытывать множество трудностей в общении с другими людьми, и им очень трудно добиться достойного места в обществе, дома, на работе. Но благодаря сильной воле и ясному видению цели после 40 лет они добиваются успеха.

Они подобны кокосовому ореху — тверды снаружи и полны сладкой мякоти внутри. Внешне они тверды, дисциплинированны, непоколебимы; внутренне же мягки и сострадательны. Они хорошо заботятся о своих подчиненных.

Люди с числом 9 — хорошие организаторы и способные администраторы. Если им предоставлена полная власть и контроль, то организации, в которой они работают, пойдет на пользу их способность к тяжелой работе, оптимизм, практические знания. Если же полная власть и контроль им не предоставлены, то такие люди постепенно теряют интерес к работе. Они любят почитание и могут вынести любые физические, ментальные или финансовые потери ради спасения своего престижа. Они тратят много энергии, чтобы добиться признания и симпатии.

Хотя они особенно преданы собственным семьям и хорошо заботятся о своих родителях, подчас они неудачливы в семейной жизни и часто ссорятся со своими жизненными партнерами.

Мужчин с числом 9 подталкивает сексуальный импульс. Но из-за того, что он подавляет своего партнера, он часто сталкивается с неудачами и разочаровывается. Со временем его поведение по отношению к жизненному партнеру становится неустойчивым, сумасбродным. И если он находит подходящего партнера в раннем возрасте, то он ведет хорошую семейную жизнь. Он хочет от своей жены полного согласия, глубоких романтических отношений и физического наслаждения. Если он получает необходимое внимание, то добивается в жизни существенного прогресса.

В то время как мужчина с числом 9 не показывает большого уважения и любви по отношению к своей жене, он очень добр, весел и общителен с другими женщинами. Он теряет ментальное равновесие, ссорится и изолируется от своей жены, страдая от этого впоследствии. Его осуждают деловые партнеры, друзья и родственники — даже несмотря на то, что по жизни его сопровождают финансовый успех и слава. Несмотря на то что он любит помпезность, он часто живет простой жизнью.

Женщина с числом 9 обычно очень нежна, гостеприимна, дружелюбна, хотя скрытна и очень тщательно подбирает себе круг общения. Она может быть прекрасной домохозяйкой, преданной своему мужу, полной обаяния и очарования. Но у нее намного меньше шансов встретить хорошего мужа, чем у мужчины-«девятки» жену. Она очень строга к своему мужу и не прощает ни малейшего намека на флирт. Ее партнер слабеет, и ей приходится тратить на него слишком много энергии.

И мужчина, и женщина с числом 9 скорее скажут «нет», чем «да». Они тратят много времени и энергии, чтобы поддерживать свои дома и рабочие места в небывалой чистоте и порядке, однако они не способны создать порядок и мир в своей семейной жизни.

Им следует опасаться пожаров, бомб и ударов электрического тока. Им придется в своей жизни подвергнуться хирургическому вмешательству и судебному преследованию. Им часто наносят раны, от которых они умирают, которые ведут к инфекции; «девятки» часто умирают на операционном столе.

Если они не в духе, то становятся мстительными, агрессивными и жестокими.

Они рождены с качествами лидера и могут легко контролировать упрямых людей с помощью своего сострадания и человеческих качеств.

Если число судьбы и число имени находятся в гармонии, то число 9 способствует тому, чтобы его обладатель стал во главе большой организации. У человека с числом 9 сильный, властный характер, высокие идеалы, он не ограничен и созидателен. Брак с человеком с числом 9 и с тем, у кого число находится в гармонии с числом 9, удачен — их семья становится открытой и готовой прийти на помощь, и ее замечают. Человек с числом 9, рожденный в семье, в которой числа его родителей, братьев и сестер находятся в гармонии, наслаждается жизнью, постепенно занимает высокое положение, становится известным.

Люди с числом 9 рождены, чтобы добиться успеха. И у них для этого есть все необходимые качества. Они пугают людей, совершая уже в среднем возрасте безрассудные поступки. Те, у кого нет близких друзей или жизненных партнеров, считают их очень удачливыми.

Родившиеся 9-го числа месяца

Это число управляется планетой Марс, которой присущи такие качества, как агрессивность, сопротивляемость, смелость, порывистость и быстрота. Вы считаетесь борцом. Во всех своих поступках вы проявляете агрессию, вы не остановитесь до тех пор, пока не дойдете до конца. Вы обладаете способностью бороться до конца даже вопреки всем трудностям и обстоятельствам. Вы не признаете поражений. Вы хотите победы или смерти. Говорят, что великий император Наполеон Бонапарт верил в нумерологию и имел батальон солдат, которые управлялись планетой Марс. В своих речах вы не слишком тактичны, деликатны, но ваши намерения неплохи, а ваши решительные манеры не будут трактоваться как грубость.

Вы вспыльчивы, порывисты, вам не свойственна болезненная сентиментальность. У вас есть наглость и энергия. Вы также любите военные игры и силовые упражнения. Если вы родились 9-го числа и полная сумма чисел даты вашего рождения также сокращается до 9, вы управляетесь сильной «девяткой» и ваш Марс весьма силен. В этом случае в вас бушуют половые страсти и вас привлекает противоположный пол. Вы подготовлены пройти через любые испытания, чтобы удовлетворить свои желания.

Вы смелый человек, для которого не существует слова «опасность». Вы беззаветно преданы своим друзьям и готовы за них броситься в бой. Вы испытываете симпатию к слабым, любите детей и животных. Вам нравится показываться другим свою милость. Вам нравится врачебное дело. Вами двигает самоконтроль, моральная смелость и способность прощать. Ваша психологическая работоспособность просто удивительна: при любых обстоятельствах вы доказываете собственную силу воли и проявляете смелость.

У вас необычное психическое чутье, вы способны иметь оккультный опыт. Ваш кругозор расширится во время поездок, которые будут играть в вашей жизни важную роль. Вы будете много путешествовать, дорога приведет вас к терпимости, симпатии и всеобщей любви. Вы вдумчивы, чутки и прилежны.

Многие из ваших идей будут идти намного впереди людей, окружающих вас. Вы обнаружите, что многие ваши знакомые часто будут искать вашего совета для решения своих проблем. Следует соблюдать благоразумие, беря на себя определенную ответственность, особенно финансового характера, когда дело касается друзей и родственников. У вас имеются ярко выраженные симпатии и антипатии, и там, где дело касается ваших принципов, убеждений и линии поведения, вы очень тверды и проявляете огромное сопротивление, когда другие пытаются заставить вас совершать вещи, которые идут вразрез с вашими установками.

Родившиеся 18-го числа месяца

Вы наделены упорством и силой воли, которые помогут справиться с любыми трудностями. Вы не столь порывисты, как «чистая девятка», но вы также бесстрашны и смелы. Вы обладаете крепким здоровьем, исполнены страсти. Вы получите наследство от своего отца. У вас упорядоченный ум, вы любите помогать другим. Вы легко переносите боль, мудры. У вас очень живое воображение, вы способны легко и быстро вспоминать большинство событий прошлого. Вам нужно использовать знания, полученные ранее, и применять их в настоящий момент. Для вас всегда будут важны дела, связанные с домом и семьей, они окажут влияние на ваши решения и поступки. Вы можете сделать многое для улучшения домашнего комфорта и дать гостям почувствовать себя дома. У вас очень хорошая память, прочные убеждения и цель, которая позволяет вам использовать свое воображение для саморекламы или рекламы других.

Родившиеся 27-го числа месяца

Вы обладаете всеми основными качествами, о которых рассказывалось для числа 9 выше, поэтому сначала прочитайте о них, а уже затем обратитесь к материалу, предлагаемому ниже относительно числа 27.

В целом, вы противоречивая личность. Вы уверены в себе и любите совершать что-нибудь полезное для обездоленных, инвалидов. С другой стороны, вы способны вступать в сомнительные связи, провоцировать скандалы. Подчас вы создаете себе проблемы в семейной жизни.

Вы очень чувствительны, подвержены смене настроения, ваши поступки непредсказуемы.

У вас многообразный жизненный опыт. Вы интеллектуальны, симпатичны, вы — вдумчивый мыслитель.

Вас привлекают долгосрочные проекты и все, что связано с какими-нибудь расстояниями и широтой охвата. Для вас окажется успешной карьера, связанная с путешествиями, железной дорогой, кораблями или телевидением.

Соотносимость чисел

Таблица взаимоотношений и характеристик чисел определяет числовую матрицу для каждого из девяти одиночных чисел. К этой таблице следует обращаться в двух случаях: перед формированием мнения о каком-либо человеке или о какой-либо паре чисел и перед тем, как приняться за новую работу или открыть новое предприятие.

Существует система, в соответствии с которой гармония между числами определяется следующим образом:

1 вибрирует с 9; привлекает 4 и 8; расходится с 6 и 7. Пассивно настроено по отношению к 2, 3 и 5.

2 вибрирует с 8; привлекает 7 и 9; расходится с 5. Пассивно настроено по отношению к 1, 3, 4 и 6.

3 вибрирует с 7; привлекает 5, 6, и 9; расходится с 4 и 8. Пассивно настроено по отношению к 1 и 2.

4 вибрирует с 6; привлекает 1 и 8; расходится с 3 и 5. Пассивно настроено по отношению к 2, 7 и 9.

5 вибрирует с 5; привлекает 4 и 8; расходится с 6 и 7. Пассивно настроено по отношению к 2, 3 и 5.

6 вибрирует с 4; привлекает 3 и 9; расходится с 1 и 8. Пассивно настроено по отношению к 2, 5 и 7.

7 вибрирует с 3; привлекает 2; расходится с 1 и 9. Пассивно настроено по отношению к 4, 5, 6 и 8.

8 вибрирует с 2; привлекает 1 и 4; расходится с 3 и 6. Пассивно настроено по отношению к 5, 7 и 9.

9 вибрирует с 1; привлекает 2, 4 и 6; расходится с 7. Пассивно настроено по отношению к 4, 5 и 8.

Число, которое вибрирует вместе с другим числом, показывает, что между ними существует значительное взаимное притяжение и что между этими числами желателен брак.

Число, которое привлекает другое число, показывает, что эти люди хорошо подходят друг к другу.

Число, которое расходится с другим числом, показывает, что удачный в той или иной степени союз между этими двумя числами возможен только при соблюдении большой дипломатии.

Когда какое-либо число настроено по отношению к другому пассивно, это означает, что в нумерологии нет определенного мнения относительно их взаимоотношений, нет ни хорошего, ни плохого доминирующего влияния ни с какой из сторон.

Если два числа схожи, то из этого можно заключить, что союз между ними будет весьма удачным.

Чтобы определить тип взаимоотношений между числами, найдите свое число в левом столбце, а затем число человека, с которым вы хотите вступить в какие-либо отношения. Место пересечения укажет вам на суммарные характеристики того человека и на то, какие у вас с ним будут взаимоотношения.

Взаимоотношения людей числа 1 с другими числами

Число 1 и число 1

Двое людей с числом 1 является совместимыми, но они не помогают друг другу в росте и развитии. Законы магнетизма говорят, что когда сходятся два одинаковых полюса, они отталкиваются, а притягиваются лишь противоположные полюса. Когда сходятся двое людей с одним и тем же числом, они легко становятся друзьями, потому что обладают сходными вибрациями. Но они не вызывают друг друга на соревнование. Они расслабляются и становятся бездеятельными.

Если какое-нибудь из сокращенных чисел места жительства равняется 1, оно будет оказывать благоприятное влияние на жизни «единиц». Люди с числом 1 приходят на взаимовыручку друг другу в бизнесе и дружбе, но так как оба они заинтересованы во власти, обладании силой, из них не получается долговременных надежных партнеров. Двое людей с числом 1 не составляют идеальной супружеской пары – им следует просто вместе жить.

Число 1 и число 2

Солнце и Луна обычно считаются мужским и женским объектами, отцом и матерью. Между тем люди с числами 1 и 2, управляемые соответственно Солнцем и Луной, не образуют идеальных супружеских пар и не являются закадычными друзьями. И хотя это пара противоположностей, их взаимоотношения из-за своего неравного положения далеки от идеальных. «Единица», будучи управляемой Солнцем, чересчур властна и доминирует над слабой и добросердечной «двойкой». На людей с числом 2 «единицы» легко оказывают влияние и иногда полностью меняют их воззрения — «двойки» выступают ведомыми, подчиненными, рабами. Это создает психологические проблемы для «двоек», которые по своей природе являются темпераментными и неуравновешенными. Если мужчина с числом 1 заинтересован в друге-рабе или жене-рабыне, он должен, несомненно, выбрать «двойку». С другой стороны, жена-«двойка» принесет проблемы и сделает его еще более властным и упрямым. Чтобы обрести большую власть в политике, «единицы» должны пытаться привлечь в свою партию как можно больше «двоек».

Число 1 и число 3

Число 3, управляемое Юпитером — другом и учителем Солнца, — является для «единицы» предпочтительным. Люди с числом 1 должны подбирать для более благоприятных и удобных жизненных условий место жительства, характеризующееся 3. Соответственно, «единицы» должны подбирать для назначения свиданий и новых начинаний даты, характеризующиеся нумерологической «тройкой». При женитьбе и деловом партнерстве «тройки» извлекают из «единиц» больше выгоды — а не наоборот. Люди с числом 3 — хорошие советники и они дисциплинированны. Между тем, так как они мало заботятся о себе и часто бывают окружены противоположным полом, они не являются хорошими спутниками жизни для «единиц».

В качестве деловых партнеров «тройки» также ниже похвалы. «Единицы» по своей природе хорошие работники, они много и усердно работают, в то время как «тройки» лишь пользуются плодами их трудов. В политике для «единиц» дружба с «тройками» весьма полезна, потому что «тройки» — экстраверты, ораторы и являются друзьями на все случаи жизни. Эти качества делают «единиц» известными, знаменитыми лидерами, политиками.

Предвидение будущего и советы «троек» станут для «единиц» хорошей порукой. Люди с числом 3 легко принимают «единиц» в качестве лидеров политической организации. Они обладают фантастическими организаторскими способностями. А так как «единицы» тоже хорошие организаторы, они вместе образуют очень надежную политическую команду, чьи идеалы и чья работа вдохновляют массы.

Число 1 и число 4

Человек с числом 4 — враг человека с числом 1, который всегда привлекает к себе враждебные числа (противоположные полюса притягиваются); и они странным образом становятся друзьями.

«Единицы» естественно привлекаются к «четверкам» и протягивают им руку помощи. Хотя «четверки» не отвечают взаимной энергией, они могут наделить «единиц» романтичностью. Они легко становятся друзьями. Дружба должна благотворно влиять в равной степени на обоих друзей, но в данном случае только «четверки» пользуются выгодами такой дружбы. Люди с числом 4 не слишком выгодны для людей с числами души и имени 1; они хороши для людей с числом судьбы 1.

Число 1 и число 5

Числа 1 и 5 состоят в дружеских взаимоотношениях, но эти числа не являются идеальными друзьями. Число 5 управляется Меркурием, планетой, которая ближе других расположена к Солнцу. Эта близость к Солнцу доставляет Меркурию беспокойство, и он много раз в году испытывает ухудшения в своем положении. Люди с числом 5 становятся еще более непостоянными в компании «единиц» и отказываются принимать их влияние. Хотя «пятерки» никаким образом не могут причинить «единицам» зла, поскольку и те и другие обладают независимыми характерами, они не могут гармонично сотрудничать вместе. «Единицы» изначально нервируют «пятерок». «Пятерки» пытаются осчастливить всех вокруг себя и им приходиться много работать, чтобы умилостивить «единиц». Оба этих числа — большие любители того, что считается новым и современным, никто из них не верит распространенным суждениям, поэтому они могут в общих интересах работать вместе. Но «единицы» идеалистичны, в то время как «пятерки» — нет. Они всегда имеют различные суждения. Тем не менее в политической и общественной областях они могут работать вместе и «пятерка» может оказаться для «единицы» весьма полезной.

Число 1 и число 6

Число 6 управляется Венерой. Солнце и Венера враги. Женщины и мужчины с числом 6 очень различны. Поэтому нам нужно исследовать четыре группы взаимоотношений:

мужчины числа 1 и мужчины числа 6
мужчины числа 1 и женщины числа 6
женщины числа 1 и мужчины числа 6
женщины числа 1 и женщины числа 6

Эти группы следует также рассматривать при работе и с другими числами, но у числа 6 они имеют особое значение.

Мужчины числа 1 и мужчины числа 6

Мужчины числа 1 легко становятся друзьями мужчин числа 6, но их дружба долго не продолжается. Это происходит из-за того, что «шестерка» не придерживается моральных установок и считает, что в любви и на войне все можно. «Шестерки» не понимают идеалистичных «единиц», которые придерживаются дисциплинированной жизни. Мужчины числа 1, занимающиеся политикой, могут извлечь пользу из мужчин числа 6, но это не так в деловом партнерстве.

Мужчины числа 1 и женщины числа 6

Хотя мужчины числа 1 выгодны для женщин числа 6 и дарят им ценные подарки, для установления долгосрочных отношений это неподходящая пара. Женщины числа 6 не понимают мужчин числа 1, и из-за непонимания в общении их взаимоотношения утихают. Женщины числа 6 могут работать секретарями мужчин числа 1 или проводить для них социальный менеджмент. Так как женщины числа 6 талантливы и имеют хороший вкус, а мужчины-«единицы» любят красоту, они легко могут стать друзьями. Но в виду того что таким женщинам не хватает дисциплинированности и они легко раздражаются, если их прервать во время работы, они не являются идеальными жизненными партнерами для «единиц». Таким же образом, мужчины числа 1 чересчур амбициозны, требовательны и прямолинейны для женщин числа 6.

Женщины числа 1 и мужчины числа 6

Мужчины числа 6 не подходят для женщин числа 1. Они всегда путаются с другими женщинами. Поскольку женщины числа 1 идеалистичны, дисциплинированы и по своей натуре склонны к обладанию, им не нравится такое поведение. Эта пара может вступать в хорошие взаимоотношения как коллеги по работе, но не как партнеры. Эта пара — хорошие попутчики во время путешествия.

Женщины числа 1 и женщины числа 6

Эти взаимоотношения могут быть весьма хорошими, однако женщины числа 1 болтливы, а женщинам числа 6 недостает ясности в выражении собственных мыслей.

Двусмысленность «шестерок» может раздражать «единиц». Женщины числа 1 любят медлительных женщин числа 6 и дарят им ценные подарки.

Число 1 и число 7

Люди числа 7 интуитивны, обладают воображением и склонны к фантазированию. «Единицы» восхищаются этими качествами, и так как они любят все новое и современное, то в силу своей амбициозности хотят претворить услышанные мысли на практике. Когда «семеркам» указывают на непрактичность собственных установок, они раздражаются и злятся. Это затрудняет совместную работу с ними. «Семерки» очень различны, но «единицы» всегда отличаются силой и удачливостью и их не могут раздражать «семерки». «Единицы» могут извлечь выгоду из такой дружбы. Они могут задействовать «семерок» в качестве разработчиков и дизайнеров. Дружба с «семерками» приносит удачу всем числам. «Семерки» — хорошие числа для романтических отношений. Они могут озарить серую жизнь «единиц» и доставить им радость. Подчас непрактичные фантазии «семерок» могут оказаться губительными для предприятий «единиц». Поэтому их нежелательно вовлекать в деловое партнерство. В политике «единицы» и «семерки» могут хорошо работать вместе, но они всегда отличаются друг от друга. В содружестве с «семерками» «единицы» с их помощью могут добиться известности и славы.

Число 1 и число 8

Число 8 управляется Сатурном, который представляет собой тьму. Солнце же представляет собой свет и управляет числом 1. Числа 1 и 8 — прямые противоположности друг друга. Сатурн — это непослушный ребенок, прямая противоположность своему отцу. Все это делает Сатурн весьма привлекательным, особенно для представителей противоположного пола. Люди с числом 1 могут иметь тайные любовные отношения с «восьмерками», особенно если «единица» мужчина, а «восьмерка» — женщина. Число 1 часто является директором предприятия и законодателем. «Восьмерка» же не любит подчиняться закону. Число 1 любит дисциплину и законопослушность, в то время как 8 создает беспокойство и возбуждает. Так как влияние «восьмерок» для «единиц» пагубно, женщинам с числом 1 особенно не рекомендуется выходить замуж за мужчин с числом 8 или назначать свадьбу на восьмое число любого месяца. В политике «восьмерки» всегда противостоят «единицам».

Число 1 и число 9

Число 9 управляется Марсом, другом Солнца. Солнце получает свою экзальтацию в зодиакальном знаке Овна, который управляется Марсом. Общение с «девятками» наполняет «единиц» положительными вибрациями и энергией и заставляет их лишиться своей индивидуальности; в любой другой компании они выступают как один человек. В нумерологии числа 9 и 1 идентичны: 1 — это начало, а 9 — это конец. Хотя оба из них являются властными числами, наполненными энергией и совершенством, «единицы» удачливы, а «девятки» не столь счастливы и страдают от неразрешенных проблем. Будучи прямолинейным и уверенным в своих силах, число 1 может в этом помочь «девятке». «Единицы» — это усердные работники, которым свойственна большая практичность. Мужчина с числом 1 должен подготовиться к проблемам, с которыми столкнется, если женится на женщине с числом 9. Ее стремление к уединенности не так легко будет принято мужчиной числа 1, который весьма общителен. При противоположном соотношении полов женщина с числом 1 находит любовь к уединению мужчины числа 9 весьма удобной. Они образуют идеальную пару. Хотя «девятки» очень подходят «единицам» при любых взаимоотношениях, «единицы» должны много и усердно работать.

Взаимоотношения людей числа 2 с другими числами

Число 2 и число 1

Два — это Луна, а один — это Солнце. Солнце покровительствует Луне. Солнечная энергия полна положительно заряженных ионов, которые являются губительными для жизни на Земле. Луна превращает эти ионы в отрицательные, животворящие, которые поддерживают наше сосуществование на Земле. Подобно тому, как Луна изменяет энергию Солнца, так и число 2 устраняет плохие привычки числа 1. «Двойки» могут быть хорошими товарищами и хорошими терапевтами по отношению к «единицам», помогать преодолеть им неудачи. Из-за того что «единицы» чересчур властны, комбинация 2+1 не является идеальной супружеской парой. В случае же женитьбы «единицы» только выиграют от такого союза. «Единицы» — выгодные друзья и защитники двоек. В деловом партнерстве «единицы» также добьются больше выгоды для себя, а «двойкам» останется лишь им поддакивать. Хотя в таком сотрудничестве и могут провозглашаться равные права, но на практике «двойки» будут в подчинительном положении. Тем не менее «единицы» никогда не причинят никакого вреда «двойкам».

Число 2 и число 2

Подобное отталкивает подобное. Эти два числа не могут сосуществовать долгое время. У них одна и та же длина волны. Они дружески относятся друг к другу, но их дружба непродолжительна. Они часто меняют свои настроения, поэтому их деловое партнерство обычно заканчивается неудачей. Женитьба двух «двоек» также неудачна, и они в конце концов разведутся. Эта комбинация хороша для сотрудничества в том случае, если территория каждого участника строго обозначена и если известны пределы власти каждого из участников.

Число 2 и число 3

Число 3 управляется Юпитером, планетой, персонифицированной в качестве учителя, который любит дисциплину, самоконтроль, точность, полное сосредоточение и внимание. Все это трудные задачи для «двойки». Юпитер — это друг Луны, но он нейтрален. «Тройки» могут давать «двойкам» хорошие советы и чувствовать по отношению к ним симпатию, но не могут стать им хорошими мужьями или деловыми партнерами. Это происходит из-за того, что 2 — число перемен, а «тройки» любят установленный порядок. Но так как «двойкам» свойственно духовное продвижение вперед и они развивают в себе интерес к оккультным наукам, им нужна помощь «троек», у которых наблюдаются подобные интересы. В этом случае «двойки» при известном терпении могут получать помощь от «троек». «Тройки» также хорошо обучают «двоек» разным наукам, а последние могут быть хорошими учениками.

Число 2 и число 4

Люди числа 2 естественно притягиваются к «четверкам», которые получают из такого общения рост и развитие. «Двойки» вместе с теми, чье число судьбы 4, встречают на своем пути много трудностей: за исключением случаев, если «четверка» — муж или деловой партнер. В этом случае «двойки» выигрывают от взаимоотношений и оба партнера наслаждаются миром и процветанием. 4 — это хорошее число для «двоек». Так как 4 — это число внезапных перемен, его не раздражает изменчивая природа числа 2.

Если «двойка» — мужчина, а «четверка» — женщина, они испытывают трудности при зарождении взаимоотношений, но эти трудности приносят хорошие результаты. Они преуспевают в жизни без всяких страданий, и, хотя они могут пренебрегать домашними и семейными делами, а также раздражать друг друга, их семейная и деловая жизнь протекает хорошо. Если «двойки» интересуются политикой, преподаванием, исследованием философии, то они преуспеют в этих областях, принимая поддержку и сотрудничество с «четверками».

Если у «двоек» число судьбы 4, то свадьбу лучше отложить. Для них хорошей является вторая часть жизни.

Число 2 и число 5

Число 5 управляется Меркурием. Так как Меркурий не является другом Луны, то эти два числа не образуют совершенной гармонии.

Люди с числом 2 и числом судьбы 5 испытывают в жизни семейные проблемы, связанные с детьми и родителями. Они самокритичны. Людям с числом 2 рекомендуется избегать эмоциональных связей с теми, у кого число судьбы 5. Если они женятся, то этот брак не продлится дольше четырех или пяти лет. Их взаимоотношения как жизненных, так и деловых партеров далеки от гармонии.

Число 2 и число 6

Число 6 управляется Венерой. Венера, хотя и является универсальным другом, Луне отнюдь не товарищ. Она состоит в нейтральных взаимоотношениях с Луной. По этой причине «двойки» и «шестерки» могут наслаждаться хорошей дружбой, но не образовывать идеальных пар в аспекте брака или делового партнерства. Из таких связей «шестерки» получают больше выгоды, чем «двойки»; они также обретают известность, и славу. Венера — благостная планета, которая приносит «двойке» с «шестеркой» удачу, но эта пара не подходит для брака. Это особенно очевидно, если «двойка» — мужчина, а «шестерка» — женщина. Дружба и деловые взаимоотношения между «двойками» и «шестерками» всегда взаимовыгодны.

Число 2 и число 7

Число 7 управляется Кету, врагом и прямой противоположностью числа 2. Так как Луна (2) всегда должна проходить через свой Южный полюс (7) по эллиптическому пути, «двойки» получают выгоду от «семерок», обратное же несправедливо. «Семерки» всегда ведут «двоек» по правильному пути, но они не составляют идеальных пар. Так как 2 — четное, статичное число, а 7 — нечетное, подвижное число, их дружба будет выгодной только для «двойки».

Число 2 и число 8

Число 8 управляется Сатурном, который нейтрален по отношению к Луне. Так как оба эти числа четные, их взаимоотношения не развиваются. Их дружбу или деловое партнерство нельзя назвать плохими, но они и не слишком выгодны. Женщинам-«двойкам» не рекомендуется выходить замуж за мужчин-«восьмерок». Но «восьмерки»-женщины не могут причинить никакого вреда «двойкам»-мужчинам. «Двойки» не оказывают никакой помощи «восьмеркам», но могут без промедления воспользоваться их деяниями.

Число 2 и число 9

Число 9 управляется Марсом, другом и защитником Луны. «Девятки» являются идеальными друзьями, деловыми партнерами, супругами для «двоек». Это касается как мужчин, так и женщин. У них нежные, восторженные взаимоотношения. Они дарят друг другу хорошую энергию. «Двойкам» поэтому рекомендуется находить среди «девяток» побольше друзей.

Взаимоотношения людей числа 3 с другими числами

Число 3 и число 1

Число 3 и число 1 — хорошие друзья (как уже объяснялось выше). «Тройки» способны вдохновлять «единиц» и развивать в них хорошие качества. «Единицы», управляемые Солнцем, являются хорошими учениками «троек» и поддерживают их. «Тройки», управляемые Юпитером, — хорошие советники, они подобны хорошим премьер-министрам, и «единицы» слушаются их. Оба эти числа амбициозны и хотят преуспеть в жизни. Оба числа могут настойчиво выражать свои идеи, оба много и усердно работают, у них есть дополнительный запас энергии и жизненных сил. Оба числа властны и любят дисциплину. Если «единица» — мужчина, а «тройка» — женщина, это идеальная пара. «Тройкам» следует выбирать «единиц» для любых взаимоотношений. И хотя «единицам» нужно много работать на «троек», их сотрудничество взаимовыгодно.

Число 3 и число 2

Число 2, будучи четным, неподвижно, а число 3, будучи нечетным, динамично. Эта комбинация также становится динамичной. «Тройки» очень хорошо понимают «двоек» и могут помочь им при любых обстоятельствах. Хотя 2 — число перемен, «тройки» всегда адаптируются к ним. И число 2, и число 3 управляются благоприятными планетами. «Тройки» — учителя «двоек»; они помогают их росту и приносят успех в жизни. Их сотрудничество взаимовыгодно, и «тройки» могут выбирать «двоек» для женитьбы, дружбы или делового партнерства. Если же «двойки» выбирают «троек», то все их проекты будут выполнены, а желания исполнены. «Тройки» должны работать на «двоек», «двойка» — это королева, а «тройка» — премьер-министр. Для «тройки» тяжелая работа является необходимой и естественной, а «двойки» деликатны и ранимы. Поэтому «тройки» всегда озабочены поведением «двоек» и снабжают их энергией.

Число 3 и число 3

Вопреки всем остальным комбинациям одинаковых чисел, сотрудничество двух «троек» взаимовыгодно. Как мы уже указывали ранее, при встрече двух одинаковых чисел они расслабляются и нейтрализуют действие друг друга. В случае же двух «троек» этого не происходит. Обе «тройки» усердно работают и стараются преуспеть в этой жизни. «Тройки» — это универсальные помощники, которые помогают всем числам, если те их об этом попросят. В деловом партнерстве две «тройки» не сделают больших денег, но будут слаженно работать. В конце концов в силу своей практичности и хороших организаторских способностей они добьются успеха. Поэтому «тройки» хороши друг для друга в качестве друзей, супругов или деловых партнеров. «Тройки» — это лодочники, которые перевозят через реку трудностей все остальные числа.

Число 3 и число 4

Число 4 не является другом по отношению к числу 3. И хотя «четверки» не оказывают «тройкам» никаких благодеяний, обратное утверждение справедливо, потому что «тройки» управляются Юпитером. Если они составляют деловое партнерство, «тройки» проигрывают, а «четверки» выигрывают. «Четверки» обретают силу, следуя советам «троек». Такие взаимоотношения безопасны для «троек», если «тройка» мужчина, а «четверка» женщина. Но в другом случае их брак не будет очень удачным. Это происходит из-за того, что «четверкам» свойственны внезапные перемены и таинственность, к которым женщины-«тройки» не испытывают никакой симпатии.

Число 3 и число 5

Числа 3 и 5 — оба нечетные и динамичные. Поскольку «пятерки» управляются Меркурием, оба числа управляются благостными планетами. Меркурий и Юпитер не являются друзьями, хотя Юпитер, будучи незаинтересованным универсальным помощником, помогает «пятеркам». «Тройки» — хорошие советчики и друзья.

Так как «пятерки» — это принцы, любящие приемы, а «тройка» также является счастливым числом, у них получается хорошая компания. Они никогда не следуют принятым воззрениям, они вольнодумцы, и поэтому они помогают друг другу. Из-за своей неугомонной природы «пятерки» не являются идеальными партнерами для «троек» в бизнесе или браке. Но так как «пятерки» — это купцы, то «тройки» от них могут научиться бизнесу. Брак между числами 5 и 3 будет удачным, если «тройка» мужчина, а «пятерка» женщина. Обратное же несправедливо.

Число 3 и число 6

Число 6 управляется Венерой. Люди с числом 3 дисциплинированны, а с числом 6 — нарушители законов; это прямые противоположности. Но как числа такая пара гармонична. «Троек» привлекают «шестерки». В компании «шестерок» «тройки» могут открывать неизведанные части своей души и наслаждаться жизнью. «Шестерки», будучи весьма медлительными, благотворно влияют на торопящихся «троек», помогая последним расслабиться, наслаждаться жизнью и роскошью. Для дружеских отношений числа 3 и 6 взаимовыгодны. «Шестерки» преуспевают, следуя советам «троек». В компании «шестерок», которые помогают им постичь секреты оккультных наук, «тройки» развивают свои духовные знания. Брак «троек» с «шестерками» удачлив, если «тройка» — мужчина, а «шестерка» — женщина. Обратная ситуация не так идеальна. При деловых отношениях общение «троек» и «шестерок» взаимовыгодно.

Число 3 и число 7

Оба этих числа нечетные и динамичные. «Семерки» — это учителя, те, кто учит практической мудрости; оба числа мыслят независимо. Однако «тройки» помогают «семеркам» в решении проблем. «Семерки» дружелюбны и имеют философский взгляд на вещи. «Тройки» и «семерки» никогда не думают одинаковым образом и не всегда соглашаются друг с другом, но, когда они работают над проектом, представляющим совместный интерес, их сотрудничество может быть весьма плодотворным. У обоих есть дар интуиции, оба заинтересованы в реформах, оба писатели. Как друзья и деловые партнеры они могут быть взаимополезны. В браке, если 3 — мужчина, а 7 — женщина, взаимоотношения будут очень хорошими. В противоположном случае женщине в начале совместной жизни придется столкнуться с многочисленными трудностями, но затем все будет хорошо.

Число 3 и число 8

Число 8 управляется Сатурном, а Юпитер и Сатурн относятся друг к другу нейтрально. Восемь — это число борьбы; «восьмерки» любят добиваться всего сами и не ищут помощи. Таким образом, «тройки» не могут помочь «восьмеркам». И хотя «восьмерки» наделены властью и после необходимых усилий и борьбы достигают успеха, они недолго радуются материальному достатку. Можно сказать, что «тройки» не должны для женитьбы выбирать «восьмерок». «Тройки», давая «восьмеркам» советы, делают их удачливыми и в целом благоприятны для «восьмерок». Однако «восьмерки» не благоприятны для «троек» — ни при деловых отношениях, ни как жизненные партнеры.

Число 3 и число 9

Так как число 9 управляется Марсом, другом Юпитера, то числа 3 и 9 настроены друг к другу дружески. Число 3 приносит удачу числу 9, а число 9 благоприятно для числа 3. По своей природе «девятки» имеют экстраординарные организаторские способности и являются усердными работниками. Оба числа составляют хорошую команду и, чтобы добиться успеха в жизни, много работают, Они взаимовыгодны. «Тройки», не задумываясь, могут выбирать «девяток» для дружбы, женитьбы или деловых отношений. «Тройки» при занятии бизнесом не зарабатывают много денег, но никогда и не страдают от потерь. «Девяткам» помогают советы «троек», для которых, в свою очередь, благоприятны сами же «девятки», которые все для них организуют и устраивают. «Девятки» обеспечивают успеху и помогают росту «троек».

Взаимоотношения людей числа 4 с другими числами

Число 4 и число 1

Астрологически числа 4 и 1 враги: они — противоположности в этом мире противоположностей. Противоположные полюса привлекают друг друга и вместе создают абсолютно новую третью силу. Поэтому «единицы» очень выгодны «четверкам». «Единицы» удачливы, у них широкий круг знакомых и друзей, а «четверки» сами себя изолируют. Их дружба взаимовыгодна. Оба числа практичны, любят работать и интересуются политикой. Они любят реформы и в политике могут стать идеальными партнерами. «Четверки» неудачливы в семейной жизни, но «единицы» могут принести им счастье. Так как «единицы» естественно притягиваются к «четверкам», то эти числа могут стать хорошей парой. Так как «четверки» нерешительны, то «единицы» в этом смысле могут им помочь. В деловом партнерстве «единицы» также выгодны «четверкам». Поэтому «четверкам» рекомендуется выбирать «единиц» для любых взаимоотношений, а также назначать собеседование о приеме на работу на 1-е число или выбирать 1 номером своего дома. «Четверки» смотрят на вещи со стороны неудачника, а такие люди всегда неудобны. Такая новая перспектива предоставляет «единицам» дополнительную область мышления. «Четверки» также обогащаются, обретая мышление «единиц». Оба этих числа помогают обчеству, а вместе они становятся великими помощниками человечества.

Число 4 и число 2

Число 4 и число 2 — четные числа, но в астрологии они враги. «Четверки» создают на пути «двоек» препятствия и вредят их росту. «Двойки», которые имеют числом судьбы или числом имени 4, страдают от этих трудностей и препятствий. «Двойки» слишком эмоциональны, подвержены перепадам настроения, а «четверки» нетерпимы. Оба этих числа являются числами постоянных перемен. Перемены числа 4 внезапны, неожиданны, и это создает «двойкам» психологические проблемы. Поэтому «четверки» не должны для женитьбы и делового партнерства выбирать «двоек». На 2-е число также полезно назначать встречи или выбирать число 2 номером своего дома.

Число 4 и число 3

«Тройки» нейтральны по отношению к «четверкам», хотя последние являются их врагами. Так как «четверки» неподвижны, а «тройки» подвижны, то от такой дружбы выигрывают лишь «четверки». Люди с числом 3 дают «четверкам» хорошие советы. И если этим советам следовать, то можно обрести дополнительную силу. Такая дружба помогает росту и развитию «четверок». Число 3 — дружелюбное число, оно универсальный помощник. Следовательно, «четверке» выгодна дружба или деловое партнерство с ним. Женщины с числом 4 могут выбирать для замужества мужчин с числом 3, но обратное несправедливо. Женщины числа 3 могут понимать проблемы «четверок» и симпатизировать им, давая положительную энергию для исцеления их беспокойной натуры. Так как «тройки» вдохновляют других людей и имеют широкий круг друзей, они также могут спасти и «четверок» от уединения и депрессии.

Число 4 и число 4

Двое людей с числом 4 могут стать хорошими друзьями. Находясь вместе, они становятся более инертными, теряют активность, замирают. Хотя две «четверки» не могут образовать идеальной пары друзей, супругов или деловых партнеров, они все же могут существовать вместе. Однако сомневающаяся натура обоих доставляет «четверкам» много трудностей и вызывает проблемы при составлении планов на будущее. Для женитьбы «четверки» должны выбирать «четверок», родившихся в воскресенье в благоприятные периоды (между 21 марта и 28 апреля или между 10 июля и 20 августа). Числа судьбы и имени этих двух «четверок» также должны быть совместимы. «Четверки» могут назначать встречи на 4-е число или выбирать число 4 номером своего дома.

Число 4 и число 5

Число 5 управляется Меркурием. Это придает «пятеркам» нестабильный и очень ненадежный характер. Дружба с «пятеркой» не слишком хороша для «четверки». Это потому, что «пятерки» похожи на детей, и «четверки», которые не могут оказать им требуемое внимание, медленно теряют интерес к такой дружбе. «Пятерки» динамичны, но им нужна энергия других. «Четверки» же не могут обеспечить «пятерок» такой энергией. Эти числа не испытывают в отношении друг друга плохих чувств и могут вместе существовать. Но их дружба не является взаимовыгодной. Поэтому «четверкам» рекомендуется назначать на 5-е число встречи или выбирать номером своего дома, иметь краткосрочных друзей «пятерок», но никогда не жениться на них и не вступать в деловое партнерство.

Число 4 и число 6

Числа 4 и 6 составляют гармонию. «Четверки» легко притягиваются к «шестеркам». Но их длительные взаимоотношения приносят «четверкам» внутреннее неудовлетворение. «Шестерки» не ведут за собой «четверок», потому что «шестерки» управляются Венерой, которая делает их медленными и иногда ленивыми. Они не могут усердно, как «четверки», работать. Оба числа легко и безответственно тратят деньги. Если они работают вместе, то могут заработать достаточно, чтобы покрыть свои расходы. «Шестерки» медлительны, им недостает твердости и терпения, в то время как «четверки» являются их полной противоположностью — они слишком быстры. «Четверки» не могут планировать свое будущее, потому что в их жизнь часто врываются неожиданные изменения. А так как «шестерки» любят планировать загодя, то это создает проблемы для делового сотрудничества. И «четверки» и «шестерки» должны подчас жить в одиночестве. Этой паре трудно работать вместе, но, как упоминалось ранее, «четверки» притягиваются к «шестеркам» и могут наслаждаться такой дружбой. «Шестерки» в своем большинстве не связывают себя никакими обязанностями и имеют внебрачные связи. С этим «четверкам» трудно примириться. Так как «четверкам» не дарована хорошая семейная жизнь, их выбор «шестерки» в качестве жизненного партнера не составит гармонии. Между тем, если необходимо, мужчина с числом 4 может жениться на женщине с числом 6, и они даже могут иметь несколько прекрасных лет семейной жизни. «Четверки» могут назначать на 6-е число встречи или выбирать его в качестве номера своего дома.

Число 4 и число 7

Число 7 и число 4 — это две стороны одной энергии. «Четверки» агрессивны, а «семерки» пассивны. Но астрологически они друзья. Как тело обслуживает голову, так и для «семерки» естественно работать для «четверок» и тратить на них много энергии, не испытывая плохих ощущений. «Семерки» — это хорошие друзья, деловые партнеры и супруги «четверок». Взаимоотношения этих чисел будут еще более благоприятными, если «семерка» — женщина, а «четверка» — мужчина. В бизнесе дела их пойдут очень хорошо, если «семерка» будет инвестировать деньги, а «четверка» будет выполнять практическую работу. Они дополняют друг друга; как голова управляет телом, так и «четверки» управляют «семерками».

Число 4 и число 8

Число 8 — спокойное, выдержанное, дающее мир числу 4. Оба числа четные и поэтому статичные. Однако число 4 — довольно активное, и его комбинация с 8 не несет инерции или пассивности. Оба числа нарушители законов, спокойствия и мятежники. Оба числа помогают страдающим и бедным. Если они интересуются политикой, то формируют сильный оппозиционный лагерь и борются за человеческие права и свободу. «Восьмерки» хороши для «четверок» как друзья, деловые партнеры и супруги. Взаимоотношения этих чисел будут лучше, если «восьмерка» — это мужчина, а «четверка» — женщина. В то время как «восьмерка» обеспечивает основную безопасность, «четверки» развивает свои добродетели. Число 8 — это сильное число и приносит его обладателям материальное благополучие и успех во второй части жизни. «Четверки» тоже удачливы только в конце жизненного пути. В начале оба числа должны столкнуться лицом с противостоянием, трудностями, потерями и трудной борьбой, но конец их жизненного пути будет благополучным. «Четверкам» рекомендуется выбирать «восьмерок» в качестве друзей, деловых партнеров и супругов. Они должны, чтобы избежать лишних трудностей и потерь, стараться избежать числа 8 как числа имени, стараться не назначать на 8-е число деловые встречи и не выбирать число 8 в качестве номера дома, в котором живут.

Число 4 и число 9

Число 9 управляется Марсом, врагом числа 4. Число 9 социально по своей природе, а число 4 — нет. Дружба этих чисел благоприятна для числа 4. По природе «девятки» честны и любят работать, но это борцы; «четверки» же являются врагами «девяток» и имеют большее терпение.

«Девятки» достаточно сильны, чтобы вынести вызывающий критицизм «четверок». «Четверки» вынуждают «девяток» действовать более активно, что помогает «девяткам» развивать свои творческие способности. С другой стороны, «девятки» помогают «четверкам» развивать силу воли и прогонять сомнения и смятение. Таким образом, эти числа благоприятны для дружбы и деловых отношений. «Четверкам» рекомендуется избегать женитьбы с «девятками», особенно если «девятка» — женщина, а «четверка» — мужчина. Если есть желание, женщина с числом 4 может выйти замуж за мужчину с числом 9.

Взаимоотношения людей числа 5 с другими числами

Число 5 и число 1

Число 5 и число 1 — друзья. «Единицы» приносят удачу, делают «пятеркам» дорогие подарки и наделяют высоким общественным положением, но «пятерки» не принимают влияния «единиц». Хотя «пятерки» всегда готовы прийти на помощь и являются хорошими друзьями «единиц» в трудное время, они никогда не попадают под влияние «единиц». Благодаря своей способности к размышлениям и последовательности «пятерки» помогают «единицам» добиться высокого общественного положения и обрести финансовый успех. Но так как оба эти числа по природе своей независимы, то мужчина-«единица» не будет хорошим мужем женщине — «пятерке». Однако женщина-«единица» может быть хорошей женой мужчине-«пятерке». В бизнесе «единицы» не являются хорошими партнерами «пятерок». Однако «пятерки» — хорошие партнеры любых чисел, включая и «единиц». В политической и социальной сферах оба числа могут работать весьма успешно. Они образуют взаимовыгодную комбинацию и могут друг на друга полагаться.

Число 5 и число 2

Числа 5 и 2 находятся в странных взаимоотношениях. Хотя «двойки» являются нейтральными по отношению к «пятеркам», «пятерки» не испытывают большой привязанности к ним. Оба числа нестабильны и, следовательно, создают друг другу массу проблем. Они могут успешно работать вместе только при выполнении не очень серьезных и ответственных задач. «Двойки» любят дурачиться и подавать «пятеркам» глупые идеи. «Двойки» не должны назначать встречи на 5-е число или выбирать номер дома кратным 5, иметь банковский счет, сокращаемый до числа 5, или же номер машины, который легко превращается в число 5. «Двойки» привлекают к себе «пятерок». Однако скоро в их отношениях появляется холодок и их дружба заканчивается. Таким образом, «пятерки» не должны заниматься с «двойками» бизнесом или жениться на них.

Число 5 и число 3

Число 3 управляется Юпитером, который по отношению к Меркурию, правителю «пятерок», нейтрален. «Тройки» оказывают на «пятерок» положительное влияние, и вместе эти два числа создают веселую радостную атмосферу. Они помогают друг другу и любят бывать вместе. Мужчины-«тройки» могут быть женщинам-«пятеркам» хорошими жизненными партнерами. В бизнесе «пятерки» всегда имеют выгоду от сотрудничества с «тройками», которые, в свою очередь, учатся у «пятерок» тайнам бухгалтерии и ведению дел.

Число 5 и число 4

Хотя «пятерки» — друзья «четверок», эти числа не составляют идеальной пары. Непостоянство «пятерок» создает «четверкам» множество проблем. Они не подходят друг другу для дружбы, женитьбы или делового партнерства, если, конечно, «четверка» не имеет в качестве числа судьбы 5.

Число 5 и число 5

Две «пятерки» вместе образуют очень сильный тандем. Сочетание двух одинаковых чисел обычно к добру не приводит. Однако это утверждение несправедливо относительно «пятерок». В политике, искусстве и бизнесе две «пятерки» достигают небывалых высот. Люди, имеющие в своем распоряжении число 5, очень выразительны, притягательны, мудры и хитры. У них сильная личность — будь то мужчина или женщина. «Пятерки» подходят друг другу во всех смыслах — дружбе, деловом партнерстве, женитьбе. «Пятеркам» нужно также выбирать свое число для назначения встреч и для определения номера дома, в котором они живут.

Число 5 и число 6

Числа 5 и 6 — друзья, дополняющие друг друга. «Шестерки» медлительны, а «пятерки» быстры. «Шестерки» обуздывают неугомонный ум «пятерок» и помогают им справиться с беспокойством. «Шестерки» выгодны «пятеркам» в дружбе, деловом партнерстве и женитьбе. «Пятерки» же выступают по отношению к «шестеркам» как хорошие терапевты и лекари. «Пятеркам» нужно также выбирать число 6 для назначения встреч и для определения номера дома, в котором они живут.

Число 5 и число 7

Хотя числа 5 и 7 и настроены друг к другу дружески, эта дружба долго не продлится. Эти числа легко притягиваются друг к другу. «Пятерки» часто вдохновляют «семерок» на совершение различных поступков, но, однако, всегда неправильно. Когда они вместе, у них могут появляться гнусные и злобные мысли. Но по отношению друг к другу эти числа не могут оказать практической помощи. «Семерки» не дают «пятеркам» положительной энергии и, следовательно, не могут являться подходящими партнерами для дружбы, делового партнерства или женитьбы. В браке «пятерки» всегда обвиняют «семерок» за все свои семейные проблемы.

Число 5 и число 8

Число 8 управляется Сатурном, планетой, которая является нейтральной по отношению к Меркурию. Однако «пятерки» настроены по отношению к «восьмеркам» дружески. Эта комбинация чисел не имеет проблем в дружбе. Но «восьмерки» стремятся пренебречь «пятерками». И это не позволяет «пятеркам» полностью довериться «восьмеркам». Следовательно, «пятерки» должны избегать «восьмерок» и не выбирать их для дружбы, делового партнерства или каких-либо важных совместных мероприятий, особенно женитьбы. «Пятеркам» не следует выбирать число 8 для назначения встреч и для номера дома, в котором живут, — если только человек с числом 5 не имеет число судьбы 8.

Число 5 и число 9

Число 9 управляется Марсом, врагом Меркурия. Хотя Меркурий, подобно Сатурну, нейтрален по отношению к Марсу, «девятки» помогают «пятеркам» в бизнесе, взаимоотношениях, а также в совместной жизни. Эти числа могут создавать вместе хорошие вибрации. Это происходит из-за того, что «девятки» управляются горячим, вспыльчивым Марсом, а «пятерки» — холодным и влажным Меркурием. Такая пара противоположностей очень хорошо действует вместе. «Девятки» выступают в качестве терпеливых супругов и защитников «пятерок».

«Пятеркам» следует выбирать «девяток» для дружбы, совместных проектов и делового партнерства. При отсутствии хорошего мужа с числом 5, женщинам-«пятеркам» следует выбирать в качестве мужа «единицу», или «тройку», или уж, на худой конец, «девятку». В этом случае брак возможен, а если оба участника испытывают взаимную заинтересованность, он может продлиться долго. «Пятерки» должны также выбирать число 9 для назначения встреч и для определения номера дома, в котором они живут.

Взаимоотношения людей числа 6 с другими числами

Число 6 и число 1

Мужчины-«шестерки» и мужчины-«единицы»

Мужчины-«шестерки» и мужчины-»единицы» легко становятся друзьями. Если они занимаются политикой, то могут получить друг от друга взаимную выгоду. Мужчины-«шестерки», наслаждающиеся жизнью, не могут оценить идеалистичных «единиц», и их дружба долго не продлится. Такая комбинация не является идеальной для делового партнерства, но и большого вреда она также не принесет.

Женщины-«шестерки» и мужчины-«единицы»

Мужчины-«единицы» выгодны для женщин-«шестерок» и оказывают им всякую помощь, но они не являются идеальными жизненными или деловыми партнерами. Женщины-«шестерки» — это идеальные секретарши для мужчин-«единиц».

Мужчины-«шестерки» и женщины-«единицы»

Мужчины-«шестерки» подвержены беспорядочным связям, в то время как женщины-«единицы» стремятся в браке к честности. Они любят правду и верят в искренние отношения. По этой причине такая комбинация не составляет хорошей пары. В деловом партнерстве женщины-«единицы» не считают, что мужчины-«шестерки» правильно тратят деньги. Такие женщины предпочитают более твердую руку при ведении дел.

Женщины-«шестерки» и женщины-«единицы»

Эта комбинация знаменует собой очень хорошую дружбу, где обе стороны стараются ублажить друг друга. Медлительность «шестерок» дает вечно занятым «единицам» передышку. Женщина-«единица» старается сохранить дружбу с женщиной-«шестеркой» и дарит ей ценные подарки.

В общем, «шестерки» и «единицы» — друзья. «Шестерки» оказывают на «единиц» хорошее влияние. И хотя «шестерки» являются для «единиц» загадкой, «шестерки» всегда понимают «единиц» и могут оказывать на них влияние, а также помогать им. «Шестерки» могут служить «единицам» и быть их деловыми партнерами, но такое сотрудничество долго не продлится. Оно может быть долговременным, если только обе стороны не проводят вместе все время. Такое партнерство будет более успешным, если стороны встречаются лишь ради работы, путешествий, для организации вечеринок, праздников, собраний и семинаров. «Шестерки» должны быть готовы принять авторитет «единиц».

Число 6 и число 2

«Шестерки» и «двойки» могут быть хорошими друзьями. «Шестерки» помогают росту и развитию «двоек». Они дают им мирные вибрации и хорошие советы, но не вдохновляют на работу. В дружбе «двойки» не оказывают «шестеркам» такую же помощь, как «шестерки» «двойкам», поэтому «шестерки» должны избегать «двоек». В бизнесе «двойки» более выгодны «шестеркам». А для женитьбы мужчин и женщин «шестерок» «двойки» не подходят.

Число 6 и число 3

Числа 3 и 6 находятся в гармонии. «Тройки» приносят «шестеркам» хорошие плоды — в дружбе, деловом или жизненном партнерстве. Они помогают друг другу. Но если «шестерка» — мужчина, то такая комбинация не принесет ему радости в браке. Это происходит из-за того, что женщина-«тройка» не может доставить радости своему мужу, потому что имеет побочные связи. Поэтому мужчины-«шестерки» должны избегать брака с женщинами-«тройками». Но противоположная комбинация просто замечательна! «Шестерки» должны выбирать число 3 для назначения дат встреч или номера дома, в котором живут.

Число 6 и число 4

Хотя числа 6 и 4 составляют гармонию, они не слишком хорошо работают вместе. «Четверки» часто теряют душевное равновесие и создают для «шестерок» трудности, несмотря на то что легко притягиваются к ним. «Четверки» не хотят, чтобы их учили «шестерки», и всячески этому сопротивляются. «Шестерки» (особенно женщины) должны избегать «четверок» для женитьбы и делового партнерства, не назначать встреч дома на 4-е число и стараться, чтобы номер дома не был равен 4.

Число 6 и число 5

Числа 6 и 5 — это друзья. «Пятерки» помогают «шестеркам» решать психологические проблемы и могут выступать по отношению к ним хорошими терапевтами и врачами. «Пятерки» оказывают на физическое и ментальное здоровье «шестерок» положительное влияние, а «шестерки», в свою очередь, помогают «пятеркам» справиться со своими недостатками — непостоянным и неугомонным умом. Такая дружба помогает достичь им небывалых высот в политике и в искусстве коммуникации (телевидение, кино, журналистика и так далее). Брак между женщиной-«шестеркой» и мужчиной-

«пятеркой» не является идеальным, однако обратная комбинация очень хороша. «Шестерки» могут выбирать «пятерок» в качестве деловых партнеров и назначать встречи на пятые числа, а также стараться, чтобы их номер дома был равен 5.

Число 6 и число 6

Две «шестерки» — друзья. Но из-за того, что они обладают одной частотой, они не вдохновляют друг друга. Однако при встрече они чувствуют большое удовлетворение. Они очень хорошо понимают друг друга, но для вдохновения им нужны «единицы», «тройки», «пятерки» или «девятки». В бизнесе две «шестерки» могут развить большой вкус при работе с косметикой, в разработке направлений моды, внутреннего убранства помещений, ювелирном деле и стать хорошими партнерами. Брак между этими числами не будет идеальным, потому что они не вдохновляют друг друга, однако они образуют хорошую семью. «Шестеркам» следует выбирать число 6 для назначения встреч, а также для номера дома, в котором живут.

Число 6 и число 7

«Шестерки» всегда помогают «семеркам» и вдохновляют их, но обратное несправедливо. «Шестерки» помогают «семеркам» развить их мечтательную натуру. «Семерки» представляют собой фантазию и интуицию, в то время как «шестерки» связаны с мирским. «Семерки» оригинально выражают известные истины. Это слегка раздражает «шестерок», потому что «семерки» нечетки в своем выражении, а «шестерки» любят ясность. И хотя «шестерки» могут наслаждаться обществом «семерок» во время отдыха, при проведении серьезных деловых операций, «шестеркам» следует держаться подальше от фантазий «семерок». Также «шестерки» должны избегать числа 7 для назначения встреч и выбора номера дома, в котором живут. Эта комбинация не образует хорошей пары. Однако брак может получиться неплохим, если «шестерка» — женщина, а «семерка» — мужчина.

Число 6 и число 8

«Шестерки» всегда являются выгодными для «восьмерок». «Шестерки» вдохновляют «восьмерок», придают им больше социальности и делают более приятными в общении. «Восьмерки» же тяжеловесны и молчаливы. Игривость «шестерок» заставляет «восьмерок» почувствовать вкус к жизни, и они начинают интересоваться удобствами и роскошью. «Восьмерки» с помощью «шестерок» становятся более созидательными и выразительными. Если оба этих числа занимаются политикой, искусством или кино, они добиваются успеха. В бизнесе «шестеркам» не рекомендуется вкладывать деньги в какое-либо предприятие, начатое «восьмерками». Однако «восьмерки» могут выступать в качестве деловых партнеров, и «шестерки» обретут финансовый успех. При супружеских отношениях «восьмерки» не слишком хороши для «шестерок». При необходимости женщина-«шестерка» может выйти замуж за мужчину-«восьмерку» и наслаждаться несколькими счастливыми годами брака. «Шестеркам» рекомендуется избегать числа 8 для назначения встреч и выбора номера дома, в котором они живут.

Число 6 и число 9

Эти числа всегда являются друг для друга взаимовыгодными. Оба они получаются путем умножения 3 на какое-нибудь число и составляют поэтому хорошую комбинацию. В дружбе и деловом партнерстве они взаимовыгодны: «шестерки» осторожно направляют интересы «девяток», а «девятки» делают всю самую тяжелую работу, требуемую для совместного предприятия. «Шестерки» и «девятки» образуют очень хорошую пару в музыке и других видах искусства. В политике число 6 может выступать как поклонник, последователь, специалист по общественным связям и хороший составитель планов для «девяток». Эта комбинация чисел образует хорошие пары, они искренне любят друг друга. Такая пара является идеальной, если «девятка» — мужчина, а «шестерка» — женщина. «Шестерки» должны выбирать число 9 для назначения встреч и номера дома, в котором живут.

Взаимоотношения людей числа 7 с другими числами

Число 7 и число 1

«Семерки» и «единицы» — идеальные друзья в политической, культурной и литературной областях. «Единицы» пунктуальны, любят правила, упорядоченны и дисциплинированны, а «семерки» — нет, поэтому такая дружба идет на благо «семеркам». В деловом партнерстве с «семерками» «единицы» выиграют в том случае, если именно они будут занимать руководящее положение. «Единицы» легко притягиваются к «семеркам» и, испуская положительные вибрации, предоставляют им всевозможную помощь. «Семерки» могут выбирать «единиц» в качестве своих напарников в том случае, если готовы принять их авторитет, следовать их советам и с улыбкой на лице отказываться от собственных прекрасных, но утопических идей. Женщины-«семерки» могут выходить замуж за мужчин-«единиц». Однако обратная комбинация, если «семерки» не прекратят свою привычку к флирту, к добру не приведет. «Семерки» могут выбирать число 1 для назначения даты встречи или номера дома, в котором живут.

Число 7 и число 2

Хотя 2 не является благостным числом для «семерок», последние «двойкам» очень выгодны. «Семерки» ведут «двоек» и оказывают им всевозможные благодеяния. «Семерки» — хорошие учителя «двоек». Однако если учесть, что «двойки» постоянно повторяют собственные ошибки, они не являются хорошими учениками. «Семерки» могут помогать «двойкам» и наслаждаться их дружбой, не надеясь ничего получить взамен. Но им не следует выбирать «двоек» в качестве деловых или жизненных партнеров. «Семерки», однако, могут выбирать 2 (и все числа, которые сокращаются до 2) для назначения даты встречи или номера дома, в котором живут.

Число 7 и число 3

«Тройки» оказывают помощь «семеркам» и испускают положительные вибрации. Эта пара взаимовыгодна в дружбе и бизнесе. «Тройки» и «семерки» легко становятся друзьями, и их дружба продолжается очень долго. Так как в компании с любыми другими числами «тройки» оказываются более приверженными традициям, а «семерки» становятся революционерами и анархистами, эти два числа долгое время не могут найти общий язык. Но рано или поздно они приходят к компромиссу. Это вытекает из привычки «семерок» к компромиссам, к адаптациям ко всем мнениям. В дружбе и браке, если «семерки» моложе «троек» или если «семерки» — женщины, а «тройки» — мужчины, они живут в полном согласии. «Семерки», однако, могут выбирать число 3 для назначения даты встречи или номера дома, в котором они живут.

Число 7 и число 4

«Четверки» выгодны «семеркам» — но только если «семерки» принимают «четверок» и служат им как тело, поддерживающее голову. «Семерки» всегда приносят «четверкам» мир, процветание и счастье. Но если им не предоставлена свобода, главенство в дружбе или бизнесе, браке, то «четверки» могут создавать «семеркам» проблемы и разнообразные препятствия. Если «семерка» —

женщина, а «четверка» — мужчина, то главенствующее положение займет «семерка», а «четверка» будет подчиненным: это очень благополучная комбинация. Но «четверка» в качестве начальника создает «семеркам» много трудностей и проблем. «Семеркам» следует избегать дома с номером 4, а на числа, которые сокращаются до 4, можно назначать лишь не очень важные встречи.

Число 7 и число 5

Хотя они легко притягиваются друг к другу, они не оказывают друг другу практической поддержки. «Пятерки» подталкивают «семерок» к выполнению своих подлых замыслов, которые сами реализовывать не хотят. Эти два числа вскоре надоедают друг другу. Их дружба становится взаимной, только если «семерка» и «пятерка» входят в группу, которая занимается революционной деятельностью или терроризмом.

Число 7 и число 6

Хотя «семерки» не слишком полезны «шестеркам», обратное утверждение справедливо. «Шестерки» помогают «семеркам» в росте и развитии; они приносят им имя, славу и положение. В качестве деловых партнеров «шестерки» много работают на «семерок» и всячески им помогают. Брак между этими числами будет удачен, только если «семерка» — мужчина, а «шестерка» — женщина. «Семерки» могут всегда выбирать «шестерок» в качестве друзей или деловых партнеров. Но если они так поступают, им надо обеспечить «шестеркам» хорошие условия для работы и сотрудничества.

Число 7 и число 7

«Семерки» всегда создают «семеркам» проблемы. Семь — это число ученичества, а два ученика всегда нехорошо чувствуют себя вместе. Они не могут жить без споров и дискуссий. «Семерки» горды, а между двумя гордыми личностями не может быть гармоничного общения. Гармония представляет собой противоположность стрессам, лихорадочности, беспокойству, состязательности, тревоге и тьме других состояний, характерных для современной психики и культуры. Гармония является одновременно процессом духовной жизни и самой предельной реальностью, представляющей цель всех дисциплин. Двое душевных, интуитивных, безответственных и сентиментальных людей могут легко причинить друг другу вред и друг друга раздражать. Их споры вызывают обоюдное недовольство. Поэтому двум «семеркам» не рекомендуется быть деловыми или жизненными партнерами. Людям с числом 7 следует избегать дома с номером 7, а также не назначать встречи на числа, которые сокращаются до 7. Однако людям с числом судьбы или имени 7 можно делать указанные вещи. Все «семерки» должны избегать договариваться о важной работе 7-го числа.

Число 7 и число 8

«Восьмерки» всегда готовы помочь «семеркам». Но так как «семерки» очень горды, они никогда не просят о помощи. В присутствии «семерок» «восьмерки» ощущают себя комфортно и умиротворенно. Однако в отсутствие «восьмерок» «семерки», подталкиваемые эгоизмом, отзываются о них дурно и всячески унижают. Эти два числа эмоционально не подходят друг другу. «Восьмерки» могут оказывать «семеркам» финансовую поддержку, но ничему у них не могут научиться. «Восьмерки» — выгодные деловые партеры. Они много работают на благо общего дела, берут все на себя и защищают «семерок» от потерь. «Семерки» должны ориентироваться на число 8 для назначения даты важных деловых переговоров, при выборе дома, в котором живут, но не при выборе друзей или жизненных партнеров. Если оба эти числа интересуются оккультными науками, они вполне могут быть друзьями и жить вместе.

Число 7 и число 9

«Девятки» и «семерки» друг другу выгодны. «Девятки» учат «семерок» быть практичными. А «семерки»-мечтатели добавляют новую черту к личности «девяток». Вечно сомневающаяся «девятка» вдохновляется «семеркой» и выходит из тьмы сомнений в открытое яркое поле надежды. Это превращает «семерок» и «девяток» в хороших друзей. Но, так как 7 — число преувеличения, то «семерки», увлекшись, разворачивают перед «девятками» широкую панораму ложных надежд, чем сбивают их с толку. Но вскоре, общаясь с «семерками», «девятки» забывают их поведение, и эти два числа опять становятся лучшими друзьями. Таким образом, «девятки» хороши для «семерок» во всем, кроме брака. Мужчины-«девятки» — хорошие мужья для женщин-«семерок», но обратное утверждение неверно. «Семерки» — превосходные учителя своего собственного видения духовности, которое является космополитичным и охватывает все положительные моменты во всех религиях. «Семерки» могут выбирать число 9 для назначения даты встречи или номера дома, в котором живут.

Взаимоотношения людей числа 8 с другими числами

Число 8 и число 1

«Единицы» естественно притягиваются «восьмерками», снабжают их энергией и стимулируют. «Восьмерки» меланхоличны, тогда как «единицы» счастливы и полны вдохновения: это полные противоположности. «Восьмеркам», чтобы испытывать счастье и вдохновение, нужны «единицы». Число 1 — это свет, а число 8 — тьма; тьме нужен свет. Но «единицы» могут выступать в качестве врагов, принуждая «восьмерок», которые не повинуются законам и не следуют принятым нормам, к дисциплине и законности. Это создает для «восьмерок» проблемы. Но поскольку 1 — счастливое число, оно приносит «восьмеркам» счастье. «Восьмерки» — материалисты, а «единицы» — идеалисты. Они не могут работать друг с другом долгое время, но в конце концов «восьмерки» разрывают взаимоотношения. Однако если «единиц» не рассматривать в качестве деловых или жизненных партнеров, то эти числа подходят друг другу для дружбы и романтических отношений. «Восьмеркам» следует выбирать «единиц» для любого типа взаимоотношений. Женщины-«восьмерки» могут выходить замуж за мужчин-«единиц» и чувствовать себя некоторое время счастливыми. Однако их брак с любым числом не будет продолжаться слишком долго. «Восьмерки» могут выбирать число 1 для номера дома, в котором они живут.

Число 8 и число 2

Число 8 управляется Сатурном, а 2 — Луной. Сатурн нейтрален по отношению к Луне. Однако Луна — враг Сатурна; они всегда притягиваются друг к другу. «Восьмерки» всегда помогают «двойкам» и могут оставаться им хорошими друзьями, но «двойки» не оказывают «восьмеркам» никакой практической помощи, а лишь дают словесную поддержку. «Двойки» не являются хорошими компаньонами в деле и в браке, хотя могут сами делать деньги и помогать делать деньги «восьмеркам». «Двойки» легко раздражаются, а «восьмерки» обладают большей самоуверенностью, которая поддерживает «двоек». При условии если главенствующее положение занимает «восьмерка», эти два числа могут работать над совместным проектом. «Восьмерки» должны выбирать число 2 для назначения дат встреч и для выбора номера дома, в котором живут.

Число 8 и число 3

«Восьмерки» и «тройки» поддерживают нейтралитет — подобно Сатурну и Юпитеру. Юпитер верит в дхарму (природный закон), а Сатурн не верит ни в какие законы. Сатурн между тем уважает Юпитера, который является учителем его отца — бога Солнца, поэтому «восьмерки» и «тройки» никогда не причинят друг другу вреда, но и не получат друг от друга никакой выгоды. «Восьмерки» самодостаточны и не просят о помощи. «Тройки» же — это учителя, которые никогда не дают совета и не оказывают помощи, если их не попросить.

Поэтому «тройки» никогда не вступают с «восьмерками» в глубокие взаимоотношения, однако остаются хорошими друзьями. «Тройки» могут привносить в скучную жизнь «восьмерок» радость и счастье. Если «восьмерки» попросят совета «троек» и прислушаются к нему, то могут достигнуть материального и духовного прогресса.

Таким образом, «восьмерки» должны быть готовы, что им предстоит много работать, и поэтому выбирать «троек» для дружбы и женитьбы. Если «восьмерки» занимаются политикой, «тройки» могут быть им весьма полезны. Вместе эти числа могут сделать нечто выдающиеся для всего человечества, например провести в жизнь социальные реформы. «Тройки» не подходят «восьмеркам» для брака, но они могут устанавливать с «тройками» романтические отношения.

Число 8 и число 4

«Восьмерки» и «четверки» — друзья. Раху, правитель числа 4, по своему характеру схож с Сатурном. Люди, рожденные под этими двумя числами, отличаются революционными взглядами, они любят справедливость и достигают успеха только в преклонном возрасте. «Четверки» не заботятся о деньгах и легко их тратят, а «восьмерки» стараются накопить побольше и денег на ветер не бросают. «Четверки» могут научиться у «восьмерок», как копить деньги на старость. Эти два числа очень похожи: их неправильно понимают, они встречают на своем пути множество препятствий, трудностей; оба непредсказуемы и изменчивы — поэтому их дружба взаимовыгодна. Такая дружба наполняет «восьмерку» чувством удовлетворения законченным делом и обеспечивает ее рост и дальнейшее развитие. «Четверка» действует на «восьмерку» успокаивающе; «четверка» приносит «восьмерке» удачу. «Восьмерки» должны выбирать «четверок» в качестве друзей, деловых или жизненных партнеров, назначать на 4-е число встречи и подбирать номер дома, в котором живут, равным 4.

«Четверка» становится для «восьмерки» единственной надеждой: она ее истинный доброжелатель, помощник и друг. Никто, кроме «четверки», не понимает «восьмерку» и не наполняет ее положительными вибрациями. Мужчины-«восьмерки» могут выбирать женщин-«четверок» для женитьбы, дружбы, романтических отношений и делового сотрудничества.

Число 8 и число 5

«Восьмерки» и «пятерки» находятся в странных взаимоотношениях. Сатурн по отношению к Меркурию нейтрален, а Меркурий — друг Сатурна, однако Сатурн зловреден, а Меркурий благостен. Это противоположные полюса: «пятерки» быстры, а «восьмерки» медленны. «Пятерки» молоды и любят юмор, шутку; «восьмерки» серьезны и не могут оценить шуток. Это вызывает серьезные проблемы. «Восьмерки» пренебрегают «пятерками» и не относятся к ним со всем сердцем; «пятерки» замыкаются и становятся застенчивыми. Дружба между этими двумя числами возможна только в политической области или в общественных организациях, работающих на благо человечества. Только там они могут принести друг другу пользу. «Восьмерки» не должны выбирать «пятерок» для дружбы и для делового или жизненного партнерства. «Восьмерки» не должны начинать 5, 14 или 23-го числа любого месяца никаких важных дел. Им также не следует в эти дни отправляться в путешествия и стараться избегать жить в доме с номером 5.

Число 8 и число 6

«Восьмерки» и «шестерки» — лучшие друзья. «Шестерки» всегда готовы прийти на помощь, они вдохновляют, привлекают к себе, обладают хорошими манерами, вежливые и радостные. «Восьмерки» легко притягиваются к «шестеркам» и в их обществе становятся более терпимыми и общительными. «Восьмерки» и «шестерки» образуют хорошую комбинацию в таких сферах, как искусство, политика, кинематография; они также подходят друг другу в дружбе, деловом партнерстве (при условии, что «шестерки» — руководители) и браке. «Восьмерки» могут выбирать число 6 для назначения встреч и для номера дома, в котором живут. Женщины-«шестерки» являются находкой для мужчин-«восьмерок», из них получаются хорошие жены, заботящиеся о доме. С их помощью «восьмерки» обретают чистый, хорошо обставленный дом, наполненный теплом, любовью и миром. И хотя их взаимоотношения долго не продолжаются, их можно растянуть, если «восьмерка» будет совершать зарубежные поездки, чтобы предоставить «шестерке» время побыть одной и обрести независимость. Такие же действия помогут «восьмерке» продлить свою семейную жизнь и с такими числами, как 1, 3, 4, 5 или 6.

Число 8 и число 7

«Восьмерки» и «семерки» вступают между собой с особые отношения. «Восьмерки» выгодны «семеркам», но «семерки» не любят «восьмерок» по личным причинам, поэтому полного общения у них не получается. «Восьмерки» чувствуют себя с «семерками» вольготно, но обратное несправедливо. Это препятствует долгосрочным отношениям, дружбе, и поэтому «восьмерки» и «семерки» не являются идеальной супружеской парой. В дружбе «восьмерки» должны много работать на благо «семерок» — в противном случае «семерки» просто уходят. Эти числа могут сотрудничать в финансовой области, но «восьмерки» должны иметь над собой руководство. В жизненной и любовной областях «восьмерки» могут многому научиться от «семерок», и это обогатит их. У «семерки» необычный характер, но и «восьмерка» тоже оригинальна. Если «семерка» старше «восьмерки», то они могут вместе работать — здесь «семерка» будет выступать в роли учителя, а «восьмерка» — ученика. Сотрудничество также возможно, если «семерка» руководит какой-либо организацией, а «восьмерка» занимается менеджментом. «Восьмерки» могут назначать на 7-е число встречи и жить в доме с номером 7.

Число 8 и число 8

Две «восьмерки» образуют очень сильную комбинацию. Когда они вместе, они растворяются друг в друге и стараются друг друга ублажить. А если они становятся противниками, то получается настоящая битва! Если две «восьмерки» друзья, они вдохновляют друг друга и становятся хорошими компаньонами — особенно если обе интересуются достижением материального успеха или стараются преуспеть в религии, оккультных науках. Хотя «восьмерки» не могут друг друга учить, они неплохо работают сообща и добиваются поставленных целей. Такая комбинация хороша для делового или жизненного партнерства. Если и муж и жена интересуются работой благотворительных организаций, они еще крепче привязываются друг к другу и начинают вместе работать в такой организации. «Восьмерки» могут выбирать число 8 для назначения встреч и для номера дома, в котором живут.

Число 8 и число 9

«Девятки» — враги «восьмерок», но это «хорошие» враги. «Девятки» подталкивают «восьмерок» к размышлениям, они хорошие учителя «восьмерок» и помогают их росту и развитию. «Восьмерки» будут вынуждены тратить на «девяток» свою энергию и деньги. 8 — счастливое число для 9, но обратное утверждение несправедливо. В деловом партнерстве «восьмерки» выиграют, если дело будет иметь их имя — и наоборот. «Восьмерки» могут выбирать «девяток» для дружбы и женитьбы. Женщины-«девятки» и мужчины-«восьмерки» могут некоторое время образовывать удачную комбинацию. Но у женщины-«восьмерки» с мужчиной-«девяткой» будет много финансовых проблем. «Восьмерки» должны выбирать 9 для номера дома, в котором живут, но для дня встречи и переговоров относительно важной работы 9 — не самое удачное число. Тем не менее, если «восьмерка» выберет 9 в качестве номера своего дома, ей может понадобиться много денег на его содержание.

Взаимоотношения людей числа 9 с другими числами

Число 9 и число 1

«Единицы» оказывают «девяткам» всевозможную помощь. Число 9 беспокойно и постоянно во всем сомневается, а число 1 — уверено в себе и принимает нужное решение в нужное время. «Единицы» помогают «девяткам» принимать правильные решения и избавляться от сомнений. Оба этих числа сильны, энергичны, много и тяжело работают. Это хорошая компания: «девятки» обычно на все жалуются и винят окружающих, «единицы» же находятся вне зависти, злобы и недовольства. У «девяток» много врагов, а «единицы» со всеми дружат. Если эти два числа находятся вместе, «единицы» много работают на благо «девяток» и предохраняют их от любого проявления слабости; поэтому «девяткам» выгодна такая дружба и такое политическое сотрудничество. «Единицы» делают «девяток» удачливыми; можно посоветовать женщинам-«девяткам» выбирать мужчин-«единиц» для женитьбы, дружбы, установления романтических взаимоотношений или делового партнерства. Мужчины-«девятки» между тем не являются для женщин-«единиц» идеальными мужьями. Хотя «девятки» становятся для «единиц» хорошими учителями и помогают их росту, иногда и «единицам» приходится учить «девяток». «Девяткам» не рекомендуется выбирать число 1 для назначения встреч и для номера дома постоянного места жительства. Однако для временного проживания число 1 — очень удачливое число, и дом с таким номером запоминается надолго.

Число 9 и число 2

«Девятки» и «двойки» — верные друзья. Если «девятка» — мужчина, а «двойка» — женщина, это значит, что они нашли друг друга. Марс горяч, а Луна холодна. «Девятки» ощущают в обществе «двоек» свою полноту, особенно если «девятка» — мужчина, а «двойка» — женщина. «Двойки» в компании «девяток» также чувствует себя сильнее и вдохновленнее. Оба числа подходят друг другу для дружбы, романтических отношений, брака и делового партнерства. Однако «девятки» должны много работать на благо «двоек», потому что они стыдливы и зависимы. «Девятки» могут выбирать число 2 номером дома временного проживания.

Число 9 и число 3

Число 3 — одно из лучших чисел для «девяток». Девять — трижды три (3 × 3) — это число, которое награждает выдающиеся управленческие и организаторские способности. Это очень выгодно для «троек». «Тройки» принимают руководство «девяток». Присутствие «троек» дает «девяткам» психологическую поддержку и внутреннюю силу. В деловом партнерстве «тройки» никогда не причиняют «девяткам» большого ущерба, но и не зарабатывают с ними слишком много денег. «Тройки» всегда облагодетельствуют «девяток»: они дают вдохновение и радость, и в такой компании «девятки» чувствуют себя легко, более определенно и испытывают меньше сомнений. Поэтому «девяткам» рекомендуется выбирать «троек» для установления любого вида взаимоотношений: дружбы, романтических отношений, брака, делового партнерства, назначения даты встречи на 3-е число и выбора числа 3 в качестве номера дома, в котором живут.

Число 9 и число 4

«Девятки» и «четверки» — большие враги. Но, будучи противоположностями, они друг друга к себе притягивают. Оба этих числа любят тяжелую работу, и при их сближении генерируется большое количество энергии. «Четверки» влияют на «девяток» положительно, и созидательные качества «девяток» усиливаются. В свою очередь, на «четверок» оказывает положительное влияние созидательная сила «девяток». «Девятки» всегда вовлечены в общественную жизнь; «четверки» же по своей природе менее социальны; «девятки» делают «четверок» социальными. «Четверки» провоцируют «девяток» на более активное поведение, а «девятки», в свою очередь, помогают «четверкам» выработать в себе силу воли. Если оба этих числа занимаются деятельностью, направленной на благосостояние всего человечества, их сотрудничество взаимовыгодно. Обычно «четверки» противостоят принятым нормам; «девятки» же знакомы с противостоянием, и это их лишь укрепляет. «Девятки» любят фантазировать, а «четверки» живут в суровой действительности, поэтому вместе эти числа долго находиться не могут. «Девяткам» рекомендуется избегать долгой дружбы, делового партнерства и брака с «четверками», хотя они могут иметь с ними некоторые тайные дела. «Девяткам» также предписывается избегать назначения даты встреч на 4-е число и не жить в доме с таким номером.

Число 9 и число 5

«Девятки» и «пятерки» вступают между собой в странные взаимоотношения. Число 9 — враг числа 5, но 5 по отношению к 9 нейтрально. При сближении эти числа обычно вырабатывают положительную энергию. «Пятерки» всегда оказывают помощь «девяткам», однако последние не настроены хранить об этом долгую память. Так как «пятерки» неугомонны и быстры, как Меркурий, они не могут быть хорошими жизненными партнерами «девяток». В бизнесе «пятерки» также не являются хорошими партнерами «девяток», хотя «девятки» «пятеркам» выгодны. «Девятки» должны очень много работать, но они получают взамен гораздо меньше, чем «пятерки». В дружбе «пятерки» оказывают на «девяток» благоприятное воздействие. «Пятерки» — доброжелатели «девяток». Если оба этих числа работают над заинтересовавшим их проектом, то они образуют хорошую комбинацию. Они могут также работать как хорошие компаньоны, готовые прийти на помощь друг другу, в области искусства и музыки. Однако «пятерки» в настоящей дружбе охлаждают «девяток». Поэтому «девяткам» не рекомендуется выбирать число 5 для назначения встреч или номера дома, в котором живут.

Число 9 и число 6

Марс и Венера настроены по отношению друг к другу нейтрально. Но числа 6 и 9 — прекрасные друзья, которые испытывают друг к другу взаимное влечение. Марс, безусловно, по своему характеру мужественен, а Венера — женственна. Эти два числа дополняют друг друга. Их отношения длятся долго, и они могут работать вместе практически во всех областях. Так как оба они являются хорошими критиками искусства, их сотрудничество в этой области также плодотворно. В политике «шестерки» поддерживают «девяток». Оба эти числа ориентированы на достижение материального благополучия. Оба честны в финансовых делах и во взаимоотношениях друг с другом. В качестве делового партнера «шестерка» охраняет интересы «девятки», а «девятки» помогают «шестеркам» в работе, подавая практические конструктивные идеи. «Девятки» могут выбирать «шестерок» для всех типов взаимоотношений — брака, дружбы, романтических отношений и делового партнерства. Брак будет более удачным, если «девятка» — мужчина, а «шестерка» — женщина. «Девятки» могут выбирать число 6 для назначения встреч или выбора номера дома, в котором живут.

Число 9 и число 7

Когда эти два числа приближаются друг к другу, «семерки» вырабатывают большие силы, беря источник ее в самих «девятках». «Семерки» в присутствии «девяток» лишаются своей неповторимости и начинают выступать лишь как хорошие помощники и друзья. «Девятки» привлекаются к «семеркам» и с помощью присущей им практической мудрости всячески помогают мечтательным «семеркам». Так как число 7 — учитель тайных наук, а число 9 интересуется мистикой, то их общение будет весьма плодотворным. «Семерки» приносят счастье числам, с которыми общаются; встретив «семерок», «девятки» повышают свое общественное положение. «Семерки» не являются хорошими деловыми партнерами, а в браке мужчины-«семерки» не слишком хорошие мужья для женщин-«девяток», хотя женщины-«семерки» становятся хорошими преданными женами «девяток»-мужчин. Мужчины-«девятки» и женщины-«девятки» могут находиться в хороших романтических отношениях с «семерками». «Девяткам» не рекомендуется использовать число 7 для назначения встреч и для выбора номера дома, в котором живут. Если «девятки» живут в доме с номером 7, они лишаются личной жизни; дом постоянно будет посещаться духовными учениками, святыми, художниками, мистиками и знаменитыми людьми.

Число 9 и число 8

Сатурн нейтрален по отношению к Марсу, в то время как Марс — враг Сатурна. «Восьмерки», находящиеся под влиянием Сатурна, часто нарушают закон, а «девятки», находящиеся под влиянием Марса, его защищают. Дружба этих чисел долго не продлится, хотя «восьмерки» приносят удачу «девяткам» и помогают им. «Девятки» должны избегать совместных действий с «восьмерками», особенно если речь идет о долгосрочных проектах. В небольших же деловых предприятиях «восьмерки» оказывают на «девяток» благоприятное действие. Обычно «девяткам» не советуется вступать в брак с «восьмерками»; женщины-«девятки» могут при необходимости выходить замуж за мужчин-«восьмерок», но обратное соотношение нежелательно. «Восьмерки» могут быть хорошими учениками «девяток», и только в таких взаимоотношениях «девятки» могут получить от «восьмерок» какую-нибудь выгоду. «Девяткам» не рекомендуется выбирать число 8 для назначения встреч, выбора номера дома, в котором живут или работают.

Число 9 и число 9

Одинаковые числа обычно не являются идеальной парой для дружбы, женитьбы и установления романтических отношений, однако две «девятки» могут поддерживать свои взаимоотношения очень долго. Эти отношения могут прерваться лишь внезапным расставанием или ссорой. При сложении 9 и 9 (9 + 9) сумма остается равной 9 — нет ни потерь, но нет и достижений. 9 — хорошее число для делового партнерства; «девяткам» полезно работать вместе, хотя они и не вдохновляют друг друга на большие дела. Если два человека, которые имеют 9 своим числом, объединяются ради какой-нибудь общей цели, то они могут сделать революцию. Если это друзья, то их дружба продолжается долго, но они всегда будут ссориться друг с другом. Две «девятки» могут иметь друг с другом романтические отношения. «Девятки» могут также выбирать число 9 для назначения встреч или для номера дома, в котором живут.

Мистерия составных чисел

Сейчас, когда мы уже ясно представляем себе характеристики отдельных целых чисел, нужно узнать немного больше о составных числах: таким образом, мы определим характер тех, кто родился после 9-го числа любого месяца.

Простые числа говорят о том, что вы находитесь у всех на виду, в то время как двойные или составные числа указывают на скрытое влияние, играющее большую роль и весьма часто определяющее будущее.

При прохождении корневых чисел от 1 до 9 вступает в силу то, что принято называть великим символизмом: он длится до тех пор, пока число 9 не будет достигнуто 5 раз (то есть до числа 45). В этой точке в силу вступает в действие мистическое число 7, оно прибавляется к числу 45, получается 52; а число 53 определяет количество недель в году. Если число 52 умножить на 7, то получится 364 — количество дней в году. Древние, обнаружившие это, использовали 365-й день года в качестве великого праздника; в этот день не дозволялась никакая работа. Число 365 основано на прохождении Солнца через 12 зодиакальных секторов.

Все числа больше 10 становятся сложными и имеют значение, весьма отличное от корневых чисел. Значения, приписываемые числам от 1 до 9, принадлежат физической или материальной стороне вещей, а составные числа выше 10 принадлежат оккультной, или духовной стороне жизни. Составным числам всегда придавалось особое значение.

Числа 11 и 22, так как являются особыми числами и заслуживают особого рассмотрения, уже подробно обсуждались в разделах, посвященных числам 2 и 4.

Ниже будут даны краткие описания тех дополнительных качеств, присущих людям с составными числами, которых не наблюдается в людях, родившихся с 1-го по 9-е число. Это происходит из-за того, что две планетарные энергии в своей комбинации по-разному соотносятся с различными ситуациями. Этот процесс очень похож на взаимодействия планет, и последующий эффект примерно такой же.

Таинство десятерицы

Число 10 — это комбинация цифр 1 и 0. Один — это сознание, Солнце; ноль — бесконечность. Качества цифры 1 в числе 10 доминируют, потому что оно входит в единичный ряд, который дарует честь, веру, уверенность в себе, имя и славу (хорошую или плохую), действующие в соответствии с законом кармы. Один — это удача, ноль — неудача. Неудачливый ноль толкает к борьбе, которая приводит к самоуверенности, но и к правильному пониманию вещей. Таким образом, люди с таким числом души расцветают и начинают сиять. Ноль создает скрытых врагов, но число один позволяет быстро распознать их. Таким образом, 10 — число успеха, достигнутого после тяжелой борьбы. Чтобы преодолеть указанные препятствия, необходимо оставаться всегда настороже; зависимость от других создаст проблемы.

Это число чести, веры и самоуверенности, взлета и падения; имя человека будет известно за его хорошие или злые дела; это удачливое число — в том смысле, что оно говорит об исполнении планов.

Вы выполните свою задачу, помогая старикам и юным, поскольку вы здесь для того, чтобы научиться стремлению заботиться о старых и беспомощных. Новые возможности порою внешне выглядят как потери. Найдя правильное применение своим силам, вы приумножаете их.

Таинство числа 12

Это комбинация Солнца (1) и Луны (2), полных противоположностей. Как мы уже обсуждали раньше, числа один и два не создают идеальной пары: люди с этими числами всегда отличаются друг от друга. У тех, кто родился 12-го числа любого месяца, такие отношения между 1 и 2 порождают умственное беспокойство. И хотя люди с числом души 3 удачливы в получении помощи, готовы к сотрудничеству и добиваются успеха в жизни, тех, кто родился 12-го числа, никогда не покидает беспокойство. Люди с числом души 3 славятся тем, что всем и вся поддакивают, однако делают лишь то, что сами намереваются. Таким образом, они славятся тем, что разочаровывают своих друзей или родственников. Родившиеся 12-го числа страдают от этой проблемы больше других. Их раздирают две противоположности — стабильная и определенная натура «единиц» и постоянная перемена мнений «двоек». То, что они все время поддакивают, создает для них большие проблемы: они сами не уверены, действительно ли поддерживают то, с чем соглашаются; а влияние числа 2 может их заставить через некоторое время переменить свое решение. Люди, родившиеся 12-го числа, все обычно решают в последний момент, и даже тогда о них нельзя сказать ничего определенного. Начав работу, они могут передумать и бросить ее. Они достигают успеха уже на склоне лет, оставляя бесчисленное число проектов и начинаний, начатых с большим энтузиазмом, но незавершенных. Они быстро и часто меняют свои планы. Поэтому друзья и родственники никогда не могут быть в них уверенными. Эти люди любят свою личную жизнь, они счастливы, отличаются хорошим здоровьем, преуспевают. Они сами заботятся о себе, проявляют интерес к приготовлению пищи, любят устраивать праздники, обладают хорошим вкусом, интересуются философией и религией. У них сила «единиц» и вежливость «двоек». Они пытаются совместить многие вещи и поэтому для многих неудобны. Они всегда готовы адаптироваться к любым обстоятельствам.

Символика этого числа — страдание, беспокойство ума. Оно также указывает на жертвенность или жертву и обычно предсказывает, что человек будет принесен в жертву ради планов или интриг других.

Убедитесь в том, что предубеждение и ревность внутри вас притягивают в вашу жизнь несчастье. Вы должны понять, что эти слабости вызваны страхом и жалостью к себе. Может быть, вы увидите, что окружающие вас «враги» — отражение каких-то ваших внутренних проблем. «Если колодец засорен, время очистить его». Поддаваясь своим слабостям и дальше, вы будете создавать себе новые трудности, гораздо неприятнее тех, что вы пытаетесь решить.

Таинство числа 13

Люди, рожденные в 13-й день любого месяца, должны всегда помнить, что они представляют собой комбинацию, в которую входит число 1, управляемое Солнцем, и число 3, управляемое Юпитером. В числе 13 Солнце причиняет Юпитеру несчастье; потому что Юпитер – легкораздражимая сущность. Но оно также дает черты, которые более присущи людям с числом 1 (так как 13 входит в серию чисел от 10 до 19, на которую влияет число 1). Влияние Солнца на Юпитер только ускоряет протекание событий. И если такие люди найдут друзей, которые могут оказать заметную поддержку, то смогут оставить свои печали, пессимизм, раздражительность и сделать в жизни заметный шаг.

Обычно на западе 13 считается зловещим и несчастливым числом. Хотя корень такого представления находится в ранних европейских мифах, до недавнего времени это было не так. И лишь после XVII века это число стали считать неудачным. Психологическое воздействие отрицательной установки на человеческий ум настолько велико, что в некоторых западных больницах стараются избегать (хотя и не показывают этого) койки под номером 13. Существует и другая причина отрицательного отношения к числу 13. Оккультный символизм, защищающий число 13, представлен изображением скелета, который держит в своих костлявых руках косу, и этой косой он косит людей. Никто не мог понять действительного значения числа 13, поэтому решили, что оно приносит неудачу. Между тем, данное число может приносить неудачу далеко не всегда, а если оно получается как бы само собой. Например, на званый ужин пригласили несколько человек, а пришло только 13 – тогда это, действительно, может быть дурным предзнаменованием.

В Китае число 13 также считается числом трудностей. В древней религии Мексики, тем не менее, 13 было самым благородным числом. Оно символизировало Солнце, положительную мужскую энергию. В каббале 13 не считается плохим числом. Во второй книге Моисея можно прочитать о 13 качествах Бога (Исход 34:6-7). В Индии 13 тоже не приносит неудачу, но из-за Британского влияния некоторые люди говорят о 13 как о нехорошем числе.

В нумерологии же 13 – вовсе не несчастливое, не зловещее число. Это число практичных, бдительных и надежных людей. Те, кто родились 13 числа, могут легко вникнуть в суть дела; они могут добиться большого успеха в научных исследованиях или в оккультных науках: таких, например, как тантра. Их интерес к религии и философии принесет им также большой успех и сиддхи (силу, которая считается сверхъестественной).

Таинство числа 14

Четырнадцать — это комбинация двух противоположностей, которые притягиваются друг к другу; это число риска, страха, недостаточной самооценки, неверных представлений о будущем. Солнце не боится рисковать. Поэтому родившиеся 14-го рискуют больше, чем другие «пятерки». А так как «пятерки» обычно являются азартными игроками, то люди, родившиеся 14-го числа, играя в азартные игры, очень рискуют, и это может приносить им большие финансовые убытки, а также создавать множество проблем. Число 1 способно правильно оценить будущее, однако вместе с числом 4 оно только создает лишние проблемы. Люди, рожденные 14-го числа, вынуждены будут в своей жизни часто страдать от неправильной оценки своего будущего. Им рекомендуется быть осторожнее с родственниками и коллегами, а также оставаться хладнокровными при достижении поставленной цели. Влияние Меркурия, который управляет их жизнями, как и жизнями других людей с числом души 5, делает их неустойчивыми, меркурианскими; им нравится, как они живут. «Пятерки» всегда готовы прийти на помощь; они мудры, отзывчивы, неугомонны, общительны (однако менее общительны, чем родившиеся 23-го числа) и получают выгоду из азартных игр и рисковых предприятий. Из-за влияния Раху им рекомендуется соблюдать особую осторожность во время шторма, урагана и других природных катаклизмов.

Повсюду есть застенчивые, одинокие и неуверенные в себе люди. Ваша задача — преодолеть эти качества самим и затем помочь другим. Искренно относясь к другим людям, сосредоточиваясь на настоящем, доверяя тому, что с вами происходит, вы не можете потерпеть неудачу.

Это число движения, совмещения людей и вещей, опасности, приходящей со стороны естественных сил, таких как буря, вода, воздух и огонь. Это число удачно для тех, кто имеет отношение к деньгам, биржевым спекуляциям и переменам в бизнесе, но при этом всегда сохраняются сильный риск и опасность, которые, однако, следуют из рискованных поступков других. Если это число появляется в расчетах будущих событий, то оно свидетельствует о том, что человеку следует действовать с особой осмотрительностью и благоразумием.

Таинство числа 15

Число 15 — это комбинация Солнца (1) и Меркурия (5). Обе эти планеты связаны с разумом и остроумием.

Обе любят современную жизнь, материальный успех, славу; обе планеты дружелюбны. Те, кто рожден 15-го числа любого месяца, стремятся к роскоши и материальному процветанию. Они также интересуются литературой, искусством, музыкой. Так как число души 15 — 6, то оно управляется Венерой. Доминирующей установкой является любовь к роскоши, свободе, вольной жизни, чувственным наслаждениям. Солнце приносят таким людям славу; Меркурий заставляет их переезжать с места на место, путешествовать. Венера приводит их в удобные, дорогие, приятные места; Солнце помогает им получать помощь и поддержку. Меркурий окружает их отдыхом, и они бывают на гораздо большем числе вечеринок и приемов в своей жизни, чем другие люди с числом души 6. Меркурий — ранимый, сентиментальный и молодой. Родившиеся 15-го числа отличаются нежностью, эмоциональностью, привлекательностью и выглядят намного моложе своих сверстников.

Родившиеся 15-го числа получают разнообразную помощь со стороны противоположного пола. Они наслаждаются жизнью, любят цветы и косметику, интересуются драгоценными камнями и обладают утонченным вкусом в одежде. У них приятный характер и очаровательные манеры.

Это число имеет оккультное значение магии и тайны, но, как правило, оно не представляет собой высшую сторону оккультизма; его значение заключается в том, что человек, которому оно выпало, использует искусство магии для выполнения исключительно собственных нужд. Если число 15 связано с хорошим или удачливым единичным числом, такая пара может принести большую удачу и силу, но если 15 связано со странными числами, такими как 4 или 8, человек, обладающий ими, не остановится ни перед чем, даже черной магией, чтобы добиться желаемого. Число 15 имеет особую связь с «говорунами», часто связано с ораторскими способностями, музыкой и искусством, игрой на сцене; связано с определенным чувственным темпераментом и сильным личным магнетизмом. Это удачное число для получения денег, подарков и милостей от других.

Вы находитесь на Земле, чтобы ваш эгоизм уступил место рассудительному отношению как к себе, так и к окружающим. Ваша жизнь станет более счастливой, когда вы станете помогать тем, кто хуже вас в этом отношении. Не увеличивайте бремя, лежащее на других, и будьте ответственны за свою позицию.

Таинство числа 16

Число 16 состоит из двух противоположностей – Солнца и Венеры. Хотя Венера благостная планета, она вместе с тем является учителем демонов и сил зла. Солнце же само по себе является неблагоприятной планетой, однако оно принадлежит группе Юпитера, учителя богов. Таким образом, Солнце и Венера принадлежат противоположным лагерям (это природные враги). Такая комбинация создает проблемы в жизни того, кто родился 16-го числа любого месяца. Число 7 управляется Кету. А Кету является неблагоприятной полупланетой, которая лишает силы различения между добром и злом: люди, рожденные 16-го числа, испытывают трудности с отличением плохого от хорошего, что ведет к нерешительности и тревоге. Солнце дает идеализм; Венера дарует гедонизм. Комбинация этих двух планет придает людям внешний идеализм и внутреннюю тягу к наслаждениям. Такие люди становятся мечтателями и живут в собственном выдуманном мире. Влияние Кету отводит их от мирских желаний и лишает мирских амбиций. Если они вовлечены в духовную жизнь, то быстро достигают познания своего Я, обретают психические способности и превращаются в аскетов. Однако влияние Венеры подталкивает их к целительству. Несмотря на то что они обычно беспокойны и озабочены потерей своего нынешнего положения, они испытывают многочисленные взлеты и падения. Они страдают от своих поражений, но продолжают идти по выбранному пути. Этим людям следует принимать меры предосторожности, чтобы не попасть в аварию, и остерегаться всевозможных неудач.

Число 16 предостерегает о странной судьбе, опасностях и поражении планов. Если оно появляется в расчетах будущих событий, то это знак особого внимания, с которым следует относиться к задуманным планам, и решимости, с которой следует встретить неизбежное.

Вокруг вас повсюду находится волшебство — во всем самом обычном, в самых обыкновенных происшествиях. Ваша задача — почувствовать и уловить, осознать это волшебство, помочь другим увидеть его. Для этого стоит лишь пробудить мысли и чувства, которые обычно дремлют под грузом каждодневных забот. Это путь, который каждому предстоит преодолеть в свое время, чтобы пройти определенный этап эволюции. Ваше время пришло.

Таинство числа 17

Так как сокращение числа 17 равняется 8, это число управляется Сатурном. Таким образом, 17 — число борьбы, трудностей, препятствий. Внутренний конфликт дает людям числа 17 действительное понимание вещей, приносит знание, рассудительность, любовь и духовность. Люди воспитывают в себе стойкость к препятствиям и трудностям, учатся их преодолевать. Они становятся более спокойными и даруют это спокойствие тем, кто находится рядом. Хотя число 8 управляется неблагоприятным Сатурном, люди с числом 17 становятся добродетельными и вносят свой вклад в дело служения страждущим, что приносит им имя и славу после смерти. Их не оставляют трудности, связанные с Сатурном, но они и не находятся в большой зависимости от них и оставляют заметный след в истории. Сатурн приносит успех на склоне лет. Хотя люди, рожденные под числом 17, страдают в семейной и личной жизни, они достигают богатства и процветания, их ценят окружающие. Если они когда-либо начнут верить в Бога и примутся заниматься духовными практиками, все их проблемы чудесным образом исчезнут. Таким людям рекомендуется быть осторожными при выборе друзей и при получении помощи от коллег, родственников и знакомых. Эти люди отличаются смелостью и твердостью.

Это духовное число, его символика — 8-конечная звезда Венеры, символ мира и любви. Человек, которого она представляет, поднялся на недосягаемые духовые высоты, преодолев немыслимые жизненные трудности. 17 считается числом бессмертия: имя человека, обладающего числом 17, продолжает жить после него. Если это число появляется в расчетах будущих событий, то оно свидетельствует об удаче (если не связано с одиночными числами 4 и 8).

Два потока охватывают все многообразие изменений на земле: один вверх — от зверей через человека и дальше, другой вниз — от людей к животным и еще ниже. Выбор правильного направления вашего дальнейшего развития зависит от того, сможете ли вы сейчас понять, что пришло время смирения и верности по отношению к духовным принципам. Пусть трудности помогут вам изменить взаимоотношения с вашим Я. Начинайте с самого трудного и двигайтесь к тому, что несложно. Помните, что многие великие имена в истории были убеждены в существовании Высшей Воли.

Таинство числа 18

Это число является комбинацией Солнца (1) и Сатурна (8) и управляется Марсом (9). Люди, рожденные 18-го числа, постоянно испытывают сильное противодействие, они подвержены внутренним конфликтам, встречают на своем пути много препятствий. Но так как число 9 управляется Марсом, то его обладатели — сильные борцы и могут превзойти все сложности. Они привыкают к постоянным изменениям, и им приходится все время попадать в ситуации, вызванные враждебностью со стороны членов их семьи и родственников. Личная и семейная жизнь таких людей далека от мирной. В силу своего воинственного характера у них плохие отношения с близкими и они несчастливы в браке. Они зарабатывают деньги с помощью неблаговидных дел и попирают этические нормы общества. Финансовый успех им приносят войны, революции и общественные потрясения. Они страдают от непостоянства, беспокойства, напряжения. Они впадают в порок, связываются с дурными компаниями, но им нравится быть грубыми и иногда жестокими. Если этих людей удается направить на правильный путь и дисциплинировать, они начинают добиваться успеха в обществе и занимать высокие посты. Они могут оставить свой след в истории, если усвоят урок ахимсы (ненасилия). Им рекомендуется избегать споров с членами семьи и друзьями. Это материалисты, которые обретают особые способности для зарабатывания денег. Финансовую стабильность они обычно получают после 40 лет, и все их усилия получают вознаграждения уже на склоне лет.

Это число обладает весьма сложной для объяснения символикой. Это символ материализма, пытающегося разрушить духовную сторону природы. Обычно это число связывается со скандальным человеком, членами семьи, войной, социальными переворотами, революциями; в некоторых случаях оно указывает на деньги, которые можно заработать на войне. Это предупреждение о вероломстве, обмане со стороны окружающих, опасности, исходящей от бури, воды, огня и взрыва. Если это составное число появляется в расчетах будущих событий, то оно свидетельствует о том, что к таким событиям следует относиться с большой осторожностью и осмотрительностью.

Ваша основная задача — сделать все от вас зависящее, чтобы мир стал более красивым. Пустыни духовные и физические ждут вашего прикосновения. Улыбайтесь каждому встреченному человеку.

Таинство числа 19

Это комбинация Солнца (1) и Марса (9), управляемая Солнцем (1). Среди всех людей, которые имеют своим числом души 1, рожденные 19-го — одни из самых удачливых. Солнце и Марс — друзья. Солнце также получает экзальтацию в Овне, зодиакальном знаке, управляемом Марсом. Эти люди полны энтузиазма, счастья, вдохновения и добиваются успеха во всем, чем бы ни занимались. Они полны жизненных сил, их ценят друзья и коллеги. Под влиянием Солнца они обретают мудрость. А под влиянием Марса получают способность разрешать спорные ситуации и принимать любые перемены. Их усердная работа и настойчивость приводят к успеху. Однако именно эта комбинация планет и влияние Марса делают их упрямыми, вспыльчивыми, что создает проблемы в семейной жизни. У них все качества людей числа 1, но они более удачливы, чем рожденные, например, 10-го числа, но менее удачливы, чем рожденные 28-го числа. В целом, родившиеся 19-го числа обретают высокое положение, честь, успех и материальное процветание. Они готовы прийти на помощь, готовы к сотрудничеству, щедры.

Это символизируется Солнцем, оно обещает счастье, успех, признание, честь и исполнение задуманного.

Вы нуждаетесь в развитии и расширении своей психики и сознания. Найдите достойного учителя, потратьте часть вашего времени и энергии на то, на что укажет вам наставник. Ни одно усилие не пропадет даром. Вам предстоит убедиться — сколько неверных представлений ограничивало вас и оказывало влияние на вашу жизнь.

Таинство числа 20

Число 2 вместе с 0 образуют число 20, нетерпеливое число. «Двойки», как известно, нетерпеливы, нервны, зависимы и постоянно меняются. Ноль приносит большую ответственность, которая «двоек» просто утомляет. Эти люди нежны и эмоциональны, как и все остальные «двойки», но отличаются большей готовностью к сотрудничеству, любви и заботе. Однако их усилия и забота не получают соответствующего вознаграждения. Их проекты исполняются не сразу, и их подолгу мучают всевозможные тревоги. Их семейная жизнь не является очень счастливой. Они пренебрегают своими близкими и родственниками. Для обретения рассудительности и успеха таким людям рекомендуется начать интересоваться духовными практиками.

Это число имеет особое значение: призыв к действию, но ради больших свершений. Это нематериальное число, и, если дело касается мирского успеха, оно вряд ли поможет. Если это число появляется в расчетах будущих событий, то оно свидетельствует о том, что в планах наступит некоторая задержка, которую можно преодолеть только с помощью развития духовной стороны природы.

Вам необходимо развивать в себе чувства любви и привязанности, а также способность поселять надежду и мир в сердца других. Честолюбие — это еще не все: настоящее богатство живет в вашей душе.

Таинство числа 21

Хотя те, кто родился 21-го числа, имеют своим числом души 3, они отличаются от остальных «троек». Комбинация 2 и 1 совсем не тождественна комбинации 1 и 2 (число 12). Число 21 входит в группу 20; следовательно, на него большее влияние оказывает число 2, даже несмотря на то, что 21 управляется Юпитером. Число 2 дает нежность, а 1 — потенциал для обретения успеха в жизни. Такие люди более социальны, чем другие «тройки». Они быстро становятся популярными в любой компании и среди представителей противоположного пола. Они чаще, чем другие «тройки», путают разные вещи, однако способны легко справиться с трудностями и заняться успешным бизнесом или служением людям. Используя число 2, они могут работать судьями и дипломатами, а число 1 позволяет им преуспеть в жизни. В этой комбинации число 1 помогает числу 2. И если эти люди выработают в себе немного терпения, то станут еще более удачливыми и многого добьются в жизни.

Это число продвижения, чести, возвышения в жизни и успеха. Оно означает победу после долгой борьбы и трудных испытаний. Если это число появляется в расчетах будущих событий, то оно свидетельствует об удаче.

Долог и тернист путь развития человеческого. У каждого человека есть возможность либо двигаться вверх, либо отказаться от своего духовного развития. Все это решается в судьбоносные моменты вашей жизни. Ваша задача — проявить должную решимость и настойчивость. Каждое испытание или несчастье должны склониться перед твердостью вашего духа. Если только эти испытания вы не создали себе сами, то знайте: путь особых испытаний — это путь избранных, путь вверх. Главное — будете ли вы в состоянии удержаться от ненависти и ожесточения. Дорога в тысячу миль заканчивается одним шагом. Наполните свое сердце добром и любовью и сделайте этот шаг — вы заслужили его.

Таинство числа 22

Вам нужно иметь побольше амбиций и гордости. Вы должны стать чисты перед законом — и, будучи сторонником дисциплины, вы достигнете авторитарной позиции над другими людьми.

Это число самовыражения и свободы; однако вы должны остерегаться стать «мастером на все руки», лучше специализируйтесь в чем-либо одном. Тогда вы достигнете успеха в искусстве, религии. Вы никогда не станете выполнять рутинную работу. В чем бы вы ни решили специализироваться, вы должны как можно полнее использовать свои таланты вдохновения и творчества.

Таинство числа 23

Считается, что такая комбинация Луны (2) и Юпитера (3) весьма успешна. Люди, рожденные 23-го числа любого месяца, — «пятерки», ими правит Меркурий, который делает их разумными, любящими работать, хорошо информированными и стремящимися к постижению нового. У них хорошие возможности преуспеть в выбранной профессии и стать известными. Их любят представители противоположного пола, им помогают власти. Хотя они несколько подвержены переменам настроения, вспыльчивы и любят рисковать, люди их любят, и они добиваются в своей жизни успеха. Они живут в роскоши и покровительствуют новым идеям. Они добиваются имени и славы, высокого положения в своих кругах и известны своим веселым характером.

Это свидетельство успеха, помощи и защиты со стороны высокопоставленных лиц. Если это число появляется в расчетах будущих событий, то оно свидетельствует о большой удаче и об исполнении планов.

Существует незримая связь между материальной и духовной сферами. Ваша задача — искать, находить и использовать эту связь — в единстве вашего мировоззрения и отношения к окружающим. Старайтесь быть очень чуткими и внимательными во время встреч, случайных столкновений, особенно с теми, кто обладает большей мудростью.

Таинство числа 24

Эта комбинация двух противоположностей — удачливое число, потому что 2 и 4 ведут к 6, а 6 — удачливое число. Числом 6 управляет Венера, а если 6 получается из сложения чисел 2 и 4 (2 + 4), то человек испытывает на себе влияние всех трех чисел — 2, 4, 6. Само же число 6 также удачно, потому что 2 и 4 находятся в гармоничных отношениях. Хотя люди с числом 24 обладают всеми качествами 6 и сами считаются «шестерками», они отличаются от тех, кто родился 15-го или 6-го числа любого месяца, так как 4 — число трудностей, перемен, а 2 — также число перемен. Поэтому жизнь таких людей подвержена многочисленным переменам. Под влиянием числа 2 они всегда искренне готовы прийти на помощь, а под влиянием числа 4 они обретают силу и настойчивость. Эти люди скрытны и могут хранить тайны других. Им покровительствуют представители противоположного пола, хотя они часто страдают из-за того, что их бросают. Они вежливы, отзывчивы. И если их числа судьбы и имени находятся в гармонии с числом души, то они могут обрести простую семейную жизнь.

Это число удачно; оно сулит поддержку и помощь со стороны сильных мира сего; обещает исполнение планов через любовь и представителей противоположного пола. Если это число появляется в расчетах будущих событий, то оно свидетельствует об удаче.

Ваша задача — сделать все от вас зависящее, чтобы уменьшить в мире насилие и дисгармонию — хотя бы пониманием причин, которые их порождают. Все мировые проблемы имеют одни и те же корни. Когда намерения чисты, действия не требуют усилий, потому что их поддерживает и усиливает сам космос. Излишняя агрессивность всегда в конце концов оборачивается против себя самой.

Таинство числа 25

«Двойки» и «пятерки» — не самая лучшая компания. Отношения между Луной (2) и Меркурием (5) весьма странны. Луна по отношению к Меркурию нейтральна, но Меркурий настроен по отношению к Луне враждебно. Такой своеобразный тип взаимоотношений порождает неустойчивый саморазрушительный характер. Число 25, сокращаемое до 7, управляется Кету. Хотя 7 — число, которое приносит другим удачу, сами «семерки» в ранние годы своей жизни много страдают. Числа 2 и 5 порождают неустойчивый характер. Все это происходит под влиянием двусмысленной планеты Кету. Люди, рожденные 25-го числа любого месяца, более мечтательны, артистичны, переменчивы и задумчивы, чем другие «семерки». Они пытаются понять тайны природы, развивают собственные концепции и основывают религиозные школы. Через свои неудачи и поражения они обретают опыт и понимание окружающего мира. С помощью своих друзей, родственников и коллег они постепенно занимают устойчивое положение. Рожденные 25-го числа имеют философский взгляд на вещи. Обычно они гордятся собственными артистическими талантами и успехом, достигнутым после трудной борьбы. Они неудачливы в любовных делах, но через брак реализуют свои финансовые устремления. Этим людям рекомендуется избегать рискованных мероприятий.

Это число, свидетельствующее о силе, обретенной через опыт и выгоды, полученные из наблюдения за людьми и вещами. Оно далеко не считается удачным, и его успех связан с борьбой и ранними испытаниями. Если это число появляется в расчетах будущих событий, то оно свидетельствует о благости.

Таинство числа 26

Комбинация Луны (2) и Венеры (6) вынуждает этих людей зависеть от представителей противоположного пола. Два — это число, которое зависит от других, таким же является и число 6. Люди, рожденные 26-го числа любого месяца, имеют своим числом души 8. Они управляются Сатурном и считаются материалистами и фаталистами. Они вынуждены встретить на своем пути много трудностей, особенно в ранние годы жизни. Числа 2 и 6 заставляют их притягиваться к противоположному полу. Такая тенденция является основной причиной неудач этих «восьмерок». Тому, кто родился под числом 26, рекомендуется проявлять особую осторожность в выборе жизненного партнера. Брак с теми, кто родился 17-го или 8-го числа любого месяца, намного предпочтительнее брака с любыми другими числами. Несмотря на то что эти люди любят наслаждения, после свадьбы они успокаиваются, становятся очень искренними и порывают все свои прежние связи. Если люди числа 26 женятся на любых числах, кроме 1, 3, 6, 8, то они много страдают и обычно теряют интерес к семейной жизни. Однако если они выбирают «единиц», «троек», «шестерок», то вполне могут обрести счастливую семейную жизнь. Те, кто родился 26-го числа, добиваются успеха и высокого положения на склоне лет. Это усердные и упрямые работники. Мужчины, если испытывают враждебность по отношению к другим числам, становятся жестокими и мстительными.

Это число полно важных предостережений относительно будущего. Оно предсказывает разрушения, вызванные сотрудничеством с другими людьми; крах, вызванный недооценкой партнеров, пагубным союзом и дурным советом. Если это число появляется в расчетах будущих событий, то оно свидетельствует о том, что к предпринимаемым планам следует относиться с особым вниманием.

Таинство числа 27

Число 27 — это комбинация явных противоположностей — 2 (Луны) и 7 (Кету). Поэтому те, кто родился 27-го числа, обладают неиссякаемой энергией. Числа 2 и 7 являются числами, зависимыми от других. Но если родившийся 27-го числа может стать независимым — то есть развить в себе свободную волю, решительный характер, — то он сможет успешно заниматься любой деятельностью, потому что оба эти числа благотворно влияют на составление планов. Они могут составлять хорошие планы, которые помогают в бизнесе и семейных делах.

Это число — обещание власти, силы, твердости. Оно говорит о том, что человек получит свою награду посредством напряженной работы ума, что созидательность посеет благие семена, которые дадут прекрасный урожай. Люди с этим числом должны немедленно приступать к исполнению своих идей и планов. Если это число появляется в расчетах будущих событий, то оно свидетельствует об удаче.

Так как 2 и 7 вместе дают 9, то 27 управляется планетой Марс, которая наделяет силой и дарует властный, командный характер. Такие люди очень тщательно продумывают каждый свой проект и добиваются несомненного успеха.

Это любвеобильные люди, преданные своей семье или организации, в которой работают. И 2 и 7 — эмоциональные числа, наделенные большой интуицией. Если такие люди разовьют в себе стабильность, то смогут добиться большого успеха в материальной области.

Таинство числа 28

Число 28, совмещая в себе энергии Луны (2) и Сатурна (8), — число борьбы. Тому, кто родился этого числа, суждено встретиться с большим количеством препятствий и противодействий. Но так как комбинация 2 и 8 дает в общей сложности 1, число 28 управляется Солнцем, 1 — это счастливое число, приводящее к успеху. Как только люди числа 28 сталкиваются с трудностями, они с легкостью одерживают над своими противниками вверх и сразу достигают успеха. Такие люди обретают большой жизненный опыт, они более нежны, менее властны и требовательны, чем остальные «единицы». Они с большей готовностью служат другим, более отзывчивы и готовы к сотрудничеству. Это расширяет круг их друзей и знакомых. «Двойки» и «восьмерки» — это слуги, они упрямы и являются хорошими мужественными борцами. Комбинация чисел 2 и 8 делает людей более удачливыми, они возглавляют сражения, защищают униженных, становятся хорошими политиками. Они оставляют свой след в истории. Влияние числа 2 делает их рассудительными, а влияние числа 8 заставляет интересоваться материальным прогрессом и современной жизнью. У них уникальное сочетание стремлений к материальному и духовному, эти люди приемлют все.

Это число полно противоречий. Оно указывает на человека, подающего большие надежды, перед которым открываются большие возможности, но который может всего лишиться, если тщательным образом не позаботится о собственном будущем. Оно указывает на потерю веры в окружающих, противостояние, конкуренцию, опасность лишиться всего по решению суда и вероятность начать все заново.

Таинство числа 29

Считается, что комбинация энергий Луны (2) и Марса (9) приносит незащищенность и неуверенность в жизни. Так как 29 — это комбинация 2 и 9, сокращаемая до 2, 29 — это прежде всего 2, и, следовательно, на это число оказывает большое влияние Луна. На материальном плане те, кто родился 29-го числа любого месяца, достигают успеха и занимают высокие посты. Однако их личная жизнь, особенно семейная, неудовлетворительна. Они обладают непостоянным характером (из-за числа 2) и сентиментальностью (вызванной числом 9). Если у таких людей хорошее число судьбы и гармоничное число имени, то они могут выбрать правильных партнеров в бизнесе и браке. С их помощью и поддержкой можно добиться некоторого успеха. Однако если число судьбы или имени не находятся в гармонии, родившиеся под числом 29, не следуя нормам этики и морали, начинают заниматься опасными вещами. Хотя они достигают высокого положения на работе, они чувствуют себя незащищенными и одинокими. Под влиянием Марса они становятся беспокойными и сомневающимися. Мужчинам, родившимся в 29-е число, следует быть очень разборчивыми в выборе жен, потому что именно женщины являются для них основной причиной бед и неудач. Женщины числа 29, если они заинтересованы в том, чтобы встретить красивого мужа, должны поститься по понедельникам или вторникам. Они должны стараться понять чувства своих жизненных партнеров, а не думать только о своих собственных взлетах и падениях. Все люди, родившиеся 29-го, приятны и у них теплое сердце. Они способны притягивать людей своим весьма утонченным вкусом, и их любят представители власти. Им можно посоветовать избегать раздражительности и вспыльчивости; они должны заниматься духовной практикой и развивать в себе истинную веру в Бога. Они должны пытаться создать себе подходящую атмосферу в семье.

Это число говорит о неуверенности, вероломстве и обмане со стороны окружающих; оно предсказывает испытания, несчастья и неожиданные опасности, ненадежных друзей, горе и обман со стороны противоположного пола. Если это число появляется в расчетах будущих событий, то оно дает предостережение.

Мужчины этого числа должны быть более дружелюбными и более терпимыми по отношению к своим близким и родственникам, потому что нуждаются в их помощи и сотрудничестве. Они не должны откладывать планов относительно свадьбы и жениться довольно-таки рано; поздний брак приносит им несчастье и ментальные проблемы.

Таинство числа 30

Люди с числом души 3, родившиеся 30-го числа, менее удачливы, чем любые другие «тройки», из-за своей связи с 0. Нельзя, конечно, назвать их полными неудачниками, но 0 все-таки тормозит их прогресс и сокращает число друзей. Однако в силу того, что «тройки» любят много и упорно работать, «тридцатки» через тяжелую работу добиваются комфорта и достаточного количества денег. Подобно остальным «тройкам», они общительны и готовы всегда прийти на помощь; на их жизнь оказывают большое влияние представители противоположного пола. Они постоянно заняты работой и зарабатывают деньги более чем из одного источника. Иногда она берутся за несколько проектов одновременно и вследствие этого оставляют свою работу незаконченной. Под влиянием 0 они растрачивают энергию и не завершают начатое. Так как они управляются Юпитером (3), то это мыслители; «тридцатки» расходуют больше, чем другие «тройки», ментальной энергии. Поскольку им нужно много бороться в ранние годы жизни, они вырабатывают в себе особый взгляд на вещи и свою собственную философию. Они не придерживаются религиозных воззрений того места, где родились, и со временем начинают благосклонно относиться к другим религиям и философским течениям. Обладая критическим характером, они потешаются над всеми религиями, включая и собственную, однако являются приверженцами всеобщей любви и братства. Однако в личной жизни они следуют своему собственному пути и придерживаются собственных методов, берущих корни в традициях того места, где родились. Если их числа судьбы и имени находятся в гармонии, они получают поддержку окружающих и добиваются успеха. К ним благосклонно относятся общественные институты и организации, которые могут использовать их созидательную энергию и талант. Им рекомендуется не быть эгоистичными и вступать в организации, которые работают на благо всего человечества.

Это число тщательного обдумывания, ретроспективы и умственного превосходства над окружающими, но представляется, что оно принадлежит к ментальному плану, люди, которых оно представляет, откладывают в сторону все материальное — не в силу того, что им нужно так поступать, а потому, что они так хотят. По этой причине это число нельзя считать ни удачным, ни неудачным, потому что все зависит от ментального взгляда человека. Оно может обладать огромной силой, но чаще всего оказывается безразличным по отношению к воле и желаниям человека.

Таинство числа 31

Число 31 — это комбинация чисел 3 (Юпитер) и 1 (Солнце). 3 — хорошее число, 1 — также хорошее число. Это число создает множество проблем; поэтому «четверки» отличаются от других людей: они не уверены в жизни и подвержены внезапным переменам. Эти перемены могут быть как хорошими, так и плохими. Поэтому люди, рожденные 31-го числа, ощущают неуверенность и одиночество. Их неправильно понимают и друзья и коллеги. Из-за того что им не хватает дружелюбного окружения, они самоизолируются, становятся менее социальными, упрямыми, скрытными и требовательными. Они постоянно примеряют свои идеи на других. Наличие числа 3 делает таких людей немного эгоистичными, а число 1 делает их властными. Число 1 также награждает их качествами лидера. Хотя «единицы» и «тройки» много и усердно работают, общительны, экстраверты, рожденные 31-го числа застенчивы и менее социальны, но все равно так же много и усердно трудятся. Чтобы стать известными, им приходится много бороться. Они любят современные идеи, они восстают против старых ценностей. Они любят справедливость и в спорах защищают угнетаемых. Если же они вовлекаются в политику, то присоединяются к оппозиционным структурам.

Числа и профессии

Каждое число обладает определенной силой, которую нельзя выразить какой-либо фигурой или символом, который будет свидетельствовать о той или иной характеристике. Эта сила основана на связи между взаимоотношениями вещей и принципами природной организации, которые как раз и выражают эту связь.

Число 1: выражает индивидуальность и возможную самовлюбленность, опору на собственные силы, уверенность и оригинальность.

Число 2: показывает взаимоотношения, физическую привлекательность, эмоциональность, симпатию или антипатию, сомнения и непостоянство.

Число 3: это число развития, возвышения, интеллектуальных возможностей, богатства и успеха.

Число 4: говорит о реализации, собственности, обладании, уважении, положении в обществе, материальности.

Число 5: свидетельствует о разуме, логике, этике, путешествиях, коммерции и полезности.

Число 6: выражает сотрудничество, женитьбу, взаимность, симпатию, игру на сцене, искусство, музыку и танцы.

Число 7: указывает на равновесие, соглашения, подписание контрактов, сделки, гармонию и разногласия.

Число 8: это число представляет собой восстановление, смерть, отрицание, распад, потери, угасание, уход.

Число 9: показывает проницательность, раздоры, энергию, предприимчивость, гнев и энергичность.

Вибрации, испускаемые числом 1, благоприятны для такого рода деятельности:

1) планирование рискованных мероприятий
2) выражение идей в виде романа
3) начало оригинальной работы
4) поступление на языковые курсы
5) развитие новых дружеских отношений
6) беседа с новым боссом
7) участие в музыкальных и драматических представлениях
8) закупка оборудования и машин
9) участие в соревновании, выборах
10) отправление в путешествие

Вибрации, испускаемые числом 2, благоприятны для такого рода деятельности:

1) улучшение финансового положения
2) выбор жизненного партнера
3) попытка добиться сотрудничества от остальных
4) заключение нового соглашения
5) завоевание чьего-либо расположения
6) дипломатическая беседа

Вибрации, испускаемые числом 3, благоприятны для такого рода деятельности:

1) наращивание своих амбиций
2) написание статей о презентации
3) следование советам
4) новые инвестиции
5) обращение за помощью, поддержкой
6) принятие полномочий
7) изучение нового материала
8) развитие контактов с редакторами

Вибрации, испускаемые числом 4, благоприятны для такого рода деятельности:

1) обеспечение возможностей образования для детей
2) заключение соглашения

3) обеспечение безопасности
4) занятие домашними делами
5) консультация с врачом
6) занятие сельским хозяйством

Вибрации, испускаемые числом 5, благоприятны для такого рода деятельности:

1) игра с детьми
2) участие в вечеринке в саду
3) ответ на письма
4) установление новых дружеских контактов, новых знакомств
5) выступление на радио
6) подготовка к небольшой поездке

Вибрации, испускаемые числом 6, благоприятны для такого рода деятельности:

1) приведение себя в порядок
2) развитие любовных отношений
3) посещение салона красоты
4) предложение вступить в брак
5) сглаживание старых ссор
6) отдых, чтение книг
7) посещение конференции

Вибрации, испускаемые числом 7, благоприятны для такого рода деятельности:

1) контроль нежелательного разговора
2) забота о питании
3) умиротворение, медитация
4) изучение психологии
5) принятие решений относительно семейных дел
6) привод в дом ребенка
7) консультация с гуру или духовным учителем

Вибрации, испускаемые числом 8, благоприятны для такого рода деятельности:

1) изучение мистики

2) обретение силы интуиции
3) развитие способностей к духовному целительству
4) занятие любовью
5) попытка выиграть в лотереи
6) пожертвование благотворительным организациям
7) проверка финансовых дел

Вибрации, испускаемые числом 9, благоприятны для такого рода деятельности:
1) посещение благотворительных организаций
2) работа с секретными документами
3) духовное целительство
4) обретение славы и репутации
5) исправление старых ошибок
6) поездка в путешествие или на пикник
7) совершение оригинальной работы
8) посещение концерта

1. Число, которое вибрирует вместе с другим числом, показывает, что между ними существует значительное взаимное притяжение и что между этими числами желателен брак.
2. Число, которое привлекает другое число, показывает, что эти люди хорошо подходят друг к другу.
3. Число, которое расходится к другим числом, показывает, что удачный в той или иной степени союз между этими двумя числами возможен только при соблюдении большой дипломатии.
4. Когда какое-либо число настроено по отношению к другому пассивно, это означает, что в нумерологии нет определенного мнения относительно их взаимоотношений, нет ни хорошего, ни плохого доминирующего влияния, ни с какой из сторон.
5. Если два числа схожи, то из этого можно заключить, что союз между ними будет весьма удачным.

	1	2	3	4	5	6	7	8	9
1	не идеальный друг	завистливый, бессильный, но дружелюбный, искореняет плохие привычки	дружелюбен, готов прийти на помощь	вызывает препятствие	дружелюбный, но независимый	дорогостоящий друг	дружелюбный, приносит удачу	прямая противоположность	дружелюбный, поддерживающий
2	критик, но оказывает помощь	доброжелатель, готов к сотрудничеству	беспристрастный хороший советчик	дружелюбный, готов прийти на помощь, иногда раздражителен, медлителен	проблематичный	благоприятный, взаимовыгодный	обидчивый, критично настроенный, хороший лидер и полная противоположность	хороший компаньон, дружелюбный заботливый и всячески помогающий	хороший помощник, дружелюбный, защитник
3	дружелюбный, готовый прийти на помощь,	отрицателен, но вреда не приносит, поглощает энергию	успокаивающий, взаимовыгоден, готов к сотрудничеству	сильное противостояние, невыгоден	вызывает проблемы; растрачивает время и энергию	готовый прийти на помощь, дружелюбный, привлекательный,	нейтральный пренебрежительный и независимый	не оказывает помощи, если только не родственник	полная поддержка, взаимовыгодность

Продолжение таблицы

	1	2	3	4	5	6	7	8	9
3	оказывающий поддержку				учит бизнесу и торговле	взаимовыгодный, удовлетворяющий		или ученик	
4	критик, но притягивает к себе, благотворителен	не слишком порядочен, однако удачливый и выгодный деловой партнер	нейтрально настроенный, но готов прийти на помощь, хороший советчик, симпатичный	готов прийти на помощь и всегда может поддержать	близкий друг, помощник инфантильный	пренебрежительный, в дружбе и браке не приносит ни удачи, ни поражения, гармоничен	в крайней мере недружелюбен, но гармоничен для бизнеса и женитьбы	дружелюбный, привлекательный, поддерживающий	противостоит и завязывает споры; учит практическим вещам
5	дружелюбен, хорош в социальном и политическом плане	неудобный, привлекательный, забавный; краткосрочная дружба с ним	отрицателен, но вреда не приносит; поглощает энергию	пренебрежительный, обычная дружба	самый близкий друг	успокаивающий, дружелюбный, не приносит ни удачи, ни поражения, помогает	нейтрален	выгоден, приносит большую удачу, но холоден и пренебрежителен	критичный, но дружелюбный; помогает росту

		выгодна, удачливый, благодеятельный				справиться с неудачами			
6	хороший, но дорогостоящий друг; оказывает хорошее влияние, помощник	не слишком выгоден, но дружелюбен	критически настроен, но мил; дает хорошие возможности и помогает росту	негармоничен	доброжелатель, дружелюбный, оказывающий поддержку	дружелюбный, успокаивающий, готов к сотрудничеству	выгоден, вдохновляет, но не близкий друг	ведет себя как чужой; обыкновенный друг	выгоден, много и тяжело работает, любит и заботится, но иногда странен
7	идеальный друг в политической, культурной и литературной областях; выгодный деловой партнер	критично настроен, нерешителен, стоит на противоположных позициях, но способствует росту	помогает росту; на него можно опереться	решительный; создает много проблем и препятствий	странные взаимоотношения, обычная дружба	хороший, дружелюбный, выгодный, удачливый	всегда в оппозиции, создает проблемы, спорит	готовый оказать финансовую поддержку; в дружбе нейтрален	выгодный, неудовлетворенный, вдохновляющий

Окончание таблицы

	1	2	3	4	5	6	7	8	9
8	проблематичный, связан с препятствиями, приносит удачу	милый и дружелюбный, но не оказывает никакой помощи	настроен нейтрально; хороший советчик или учитель; помощник в политической области	успокаивающий, завершающий начатое, симпатичный, положительный	дружелюбный в политической области	хороший друг, готовый прийти на помощь, вдохновляющий, привлекающий, заботящийся	хороший учитель, удобный, выгодный, приносит удачу, хороший друг	дает больше силы; сотрудничает, но критикует	дает хороший совет, помогает росту
9	долгая дружба; спасает от врагов и критики	закадычный друг, выгоден для сотрудничества	помощник и друг; помогает определиться, вдохновляет; дает внутреннюю силу	непримиримый оппонент; сотрудничает только в социальных проектах	оказывает помощь, благоприятный, не слишком теплый и дружелюбный	отличный друг; оказывает полную поддержку, защищает интересы	теряет свою индивидуальность; помощник; друг; удачлив	противоположность, хорош как ученик	дружелюбен, но критичен и больше спорит, чем вдохновляет

Нумерология и тайны космоса

Все объекты материального мира соотносятся с девятью планетами. Для нумеролога планеты олицетворяют человеческие формы, и их поведение можно рассматривать как часть космической игры. Те люди, которые не позволяют себе свободы рассмотрения влияния небесных и астральных тел, не в состоянии наблюдать этой игры. Планеты для них предстают как объекты космоса, которые не влияют на физическое и ментальное становление. Для них все предсказательные науки бесполезны. Те же, у которых есть время, вера и достаточно терпения, могут наблюдать эту игру и вынести урок, который направит сознание приходящего поколения.

Нумерология рассматривает поведенческий аспект человеческой личности. В ней выработан свой язык, который относится к обсуждению персональных качеств человека. Нумерология более проста для изучения, чем астрология. Достаточно просто запомнить некоторые вещи, особо не вдаваясь в подробности, например движения планет. Нумерология — это наука, доступная каждому.

Планеты, эти удивительные струны мира, совершают священный танец вокруг центрального, живительного, вечного огня. Эта небесная система, этот гигантский мировой орган, Божественная лира, рождает вечную, волшебную гармонию, «гармонию сфер» или небесных шаров, катящихся среди небесного эфира.

Отношения чисел к планетам и есть ключ нумерологии. Астрологи все время оценивают планетарные влияния; важная нумеролого-астрологическая информация постоянно накапливается, хотя влияние числовых энергий на планеты даже в настоящее время остается весьма темным и неясным. Планеты расцениваются в этом аспекте как проявление духовного и тайного характера природы, подверженного числовым вибрациям.

Планета	Число	Качества
Солнце	1	царственность, доброта, великолепие, дисциплинированность, авторитарность, сила, оригинальность
Луна	2	царственность, привлекательность, изменчивость, деликатность
Юпитер	3	духовность, склонность давать советы, дружественность, сосредоточенность, дисциплинированность
северный узел Луны	4	мятежность, импульсивность, вспыльчивость, скрытность
Меркурий	5	великолепие, любовь к развлечениям, хитрость, разумность, чувствительность
Венера	6	романтичность, медлительность, чувственность, умение говорить, дипломатичность, изобретательность
южный узел Луны	7	мистика, мечтательность, интуиция, изобретательность
Сатурн	8	мудрость, зловредность, трудолюбие, услужливость, страдание, воинственность
Марс	9	сила, грубость, воинственность, простота, самосовершенствование, мнительность, борьба, отчуждение, различение плохого и хорошего

Числовой гороскоп

Дату рождения можно представить в форме гороскопа. Из такого гороскопа можно определить уровень своего мышления: свойственны ли вам идеалистические размышления или материальные; размышляете ли вы о тайнах духа — или же ваши мысли находятся на более низком плане. Предположим, что кто-то родился 12-6-1953.

Теперь нужно поместить числа даты рождения в соответствующие квадраты, связанные с определенными числами в стандартном гороскопе. Итак, год рождения —

1953. Нужно опустить 19 и рассматривать только год. Гороскоп даты рождения 12/6/53 предстанет в виде:

3	1	
6		5
2		

На ментальном уровне исследуемый управляется числами 3 и 1. Число 3 управляется планетой Юпитер, а число 1 – Солнцем. Это означает, что ментальный образ человека определяется характеристиками Юпитера и Солнца; такой человек амбициозен, религиозен и полон достоинства. Солнце дает ему оригинальность, ораторское искусство и активность.

На материальном уровне исследуемый имеет качества Венеры и Меркурия. Меркурий – это деловая планета, а Венера указывает на искусство. Их комбинация образует человека, который использует свои созидательные таланты для зарабатывания денег.

На низшем плане исследуемому Луна дает дар воображения. Но его воображение будет находиться только на кармическом уровне, и он сможет воспользоваться им только для того, чтобы предаться пороку. Мы можем подвести итог характеристике данного человека и сказать, что он полон искусства и созидания, на что указывает число 6 и планета Венера; он оригинален и деятелен, на что указывает число 1 и планета Солнце; он также амбициозен, о чем свидетельствует число 3 и планета Юпитер, и что он воспользуется всеми этими качествами, чтобы получить деньги и добиться успеха в практической жизни, как показывает число 5 и планета Меркурий. Луна говорит о том, что он может предаваться пороку.

Если в дате рождения какая-нибудь цифра повторяется дважды или трижды, то такое число имеет удвоенную или утроенную силу. Если, например, во взятой ранее дате рождения вместо июня будет январь, то в гороскопе число 1 повторится дважды. Если годом рождения вместо 53 будет 51, то единица повторится трижды (12-1-1951). А если дата рождения 16-6-1953, то число 6 повторяется дважды; это означает, что влияние Венеры усиливается в два раза. В таком случае нам нужно приписать дополнительные штрихи — один штрих, указывающий на двойную силу, и два штриха, указывающих на тройную силу. Таким образом, дата рождения 12-1-1951 будет иметь следующий числовой гороскоп:

	1”	
		5
2		

В указанном случае тройная сила числа 1 показывается двумя дополнительными штрихами.

Отсутствующие числа

Получив необходимый гороскоп из известной даты рождения, мы можем заметить, что некоторые числа в гороскопе отсутствуют. В соответствии с древней теорией, отсутствующие числа показывают результат кармы (поступков) в прошлой жизни. Из-за определенных поступков, совершенных в прошлой жизни, мы должны страдать от отсутствия определенных чисел. Мы не воспользуемся благами тех планет, числа которых отсутствуют в нашем гороскопе. Например, если в гороскопе отсутствует число 3, это означает, что человек не обладает такими качествами, как амбициозность, религиозность, честолюбие, которые связаны с планетой Юпитер.

Предположим, отсутствует число 8, связанное с Солнцем: такому человеку недостает практического подхода к жизни и материалистической философии, связанной с Солнцем. Отсутствующие числа показывают нехватку силы, которая представлена ими. Следовательно, рекомендуется, чтобы такой человек понимал свои добродетели и недостатки, ограничения и пытался развить качества, выраженные отсутствующими числами: это поможет ему справиться с жизненными трудностями и добиться успеха.

Методика предсказания будущего основана на определенных допущениях. Например, что планеты оказывают влияние на жизнь человека. Расположение планет в момент рождения человека определяет его характер. Вся Вселенная наполнена космической энергией. Существует теория вибраций, посредством которых эта космическая энергия распространяется или передается, и каждый человек способен получать, принимать эту энергию в соответствии со своими возможностями, которые вытекают из его личности. Эта теория основывается на постулате о том, что соответствующее изучение определенных факторов может привести к постижению будущих событий в жизни человека.

Формировать образ числа в соответствии с небесным телом, к которому оно относится, и видеть, как люди живут через отдельные составляющие этих чисел своей собственной жизнью, — вот настоящая нумерологическая работа: нумерология — это не примитивное сложение, вычитание, деление или умножение. Нумерологу для его «компьютера» требуется очень много чипов информации. Чем больше этих чипов, тем больше возможность изменений. Итак, первая задача — это понимание девяти чисел как основных девяти характеристик, а затем понимание «смешанных характеров» двойных чисел. Когда образ сложного числа зафиксируется в индивидуальности, тогда нумерологи могут стать более точными в установлении характеристик определенного человека в данный момент.

Необходимо понимать следующее.

- Все числа — это мистические посланники космической энергии. Они не реальные, существующие сущности, а символы.
- Числа связаны с небесными телами и подвержены их влиянию.
- Эти небесные тела, которые испускают колебания измеряемой частоты, проявляют свое влияние через характер людей.
- Числа предоставляют ключ к человеческой индивидуальности и ко всему конечному существованию.
- Все числа имеют и плохие, и хорошие стороны.

Существуют девять планет, которые оказывают большое влияние на человеческую жизнь, и с каждой из них связано определенное число. В момент своего рождения человек управляется определенными планетами — главной и побочной, а также управляется числами, связанными с этими планетами. Таким образом, человек начинает испускать вибрации данных чисел, или планет, которыми он управляется. Человеческая психология, карьера подчиняются числу, которое человек собой представляет. Если это число находится в гармонии с числом другого человека, то у них развиваются идеальные взаимоотношения. Если же число человека противостоит числу его партнера, эти двое никогда не смогут жить друг с другом в гармонии.

Нумерология и астрология

Нумерология не касается знаков Солнца, Луны или планет, но работает непосредственно с личностью человека, используя только числа. Однако сами числа связаны с влиянием планет на поведение человека, его желания, потребности и амбиции.

Планетарное влияние на человека можно легко понять, если знать его числа имени и рождения. Эти числа остаются в действии на протяжении всей человеческой жизни.

ОВЕН: счастливые числа

Январь	**1**	2	3	4	**5**		7	8	**9**	10	11	12	13	14	15		17	18	19	20	21	22	**23**	24	25		**27**	**28**		30	31
Февраль	1	**2**	3	4	**5**	6	7		9	**10**	11	12	13	14			17	18	**19**	20	21	22		24	**25**	26	27	28	**29**		
Март	1	2		**4**	5		7	8	**9**	**10**	11	12	13	14		16	17	18	**19**	**20**		22	23	24	25	26	27	28	29	30	**31**
Апрель	**1**			4	**5**	6	7	8	9	10	11	12	13	**14**	**15**	16		18	**19**	20	21	22	23	24	25	26	27	**28**	29		
Май	1	2	**3**	4	5	6	7		9	10	11	**12**	**13**		15	16	17	**18**	19	20	**21**	22	23	24	25	26			29	30	**31**
Июнь	1	2	**3**			6	**7**	8	9	10	11	12	13	14	15	16	**17**	**18**	19	20	21	22		24	**25**		**27**	28	29	30	
Июль	**1**		3		5	**6**	7	8	9	10	11	12	13	**14**	15	16	17	18	19	20	21	22	**23**	24	25	26	27	**28**	**29**		
Август	1	**2**	3	4	5		7	8	9	**10**	**11**		13	14	15	16	17	18	19	20	21			**24**	**25**	**26**	27	28	29	30	31
Сентябрь	1		3	4	5	6	**7**	8	9	**10**	**11**	**12**	13	14	15	16	17	18	19	20	**21**	22			**25**		27	28	29	30	
Октябрь	1	2	**3**	4	5		7	8	**9**	10	11	12	**13**		15	16	**17**	18	**19**	20	21	22	23	24	25			28	29	30	**31**
Ноябрь	**1**	2	3	4	**5**		7	**8**	9	10	11	12	13	**14**	15	16	17		19	**20**	21		23	24	25	26	27	28		**30**	
Декабрь	**1**	2	3	4	5		7	8	9	10	11		**13**	14	15	16	17	18	19	20	21		23	24	**25**	**26**	**27**		29	30	**31**

ТЕЛЕЦ: счастливые числа

Январь	1		3	4	**5**	6	**7**	8	9		**11**	12	13	14	**15**	16	**17**	18	19	20	21	22	23		**25**	26	27	28	29		31
Февраль	1	2	**3**	4	**5**	**6**	**7**	8	9	10	11	12	13	14	15	16	17	18			21			**24**	25	26	27	**28**	29		
Март	**1**	2		4	5	6	7	8	9	**10**	11	12	13	14	15	16	**17**	18	**19**	**20**	21	22	23			26	27		**29**	30	31
Апрель	1	2	**3**	4	5	6	**7**	8	9	10	11	**12**	13		15		17	18		20	21	22	23	**24**	**25**	26		28	**29**	30	
Май	**1**	2	3	4	**5**	**6**	7	8	**9**	10		12		14	15	16	17	18	19	20	21	22	**23**		25		**27**	28	29	30	31
Июнь	**1**	2		4	**5**		7	8	**9**	10	11	12	13	**14**	**15**	16	17			20	21	22	23	24	25	26	**27**	28	29	30	
Июль	1	**2**	3	4			**7**	**8**	9	10	11	12	13	14	15	16	**17**		19		**21**	22	23	24	25	26	27	28	29	30	**31**
Август		2	3	4	5	6	7	8		10	11	**12**	**13**	**14**	15	16	17	18	19	20	21	**22**	23	24	25	**26**	27		29	30	**31**
Сентябрь	**1**	2	3	4		6	7	8	9	10		**12**	13	14	15	16	17	18	19	20	21	**22**	23	24		**26**	**27**	28		**30**	
Октябрь	1	2	3	4	**5**	**6**	**7**	8	9			12	13	14	15	16	17	18	19	**20**	**21**	22	23			**26**	27	28	29	30	31
Ноябрь	1	2	**3**	4		6	**7**	**8**		10	11	12	**13**	14	15	16	17	18	19		21	**22**	23	24	25	26		28	**29**	30	
Декабрь		2	**3**	4	**5**	6	7	8	9	10	11		**13**	14	15	16	17	18	19	**20**	21		23	24	**25**	26	27		29	30	**31**

БЛИЗНЕЦЫ: счастливые числа

Январь	**1**	2	3			6	7	8	**9**	10		12	13	14	15	16	17	18	**19**	**20**	21	22	23	24	25		**27**	**28**	29	30	31
Февраль			3	4	**5**	**6**	7	8	9	10	**11**	12	13	14	15	16	17	18	19	20	**21**	22	**23**	24	**25**	26	27				
Март	1	2	3	4	5	**6**		8	**9**	10	11	12	13	14	**15**	16	17	18		**20**	21	22	23	24	25	26	27			**30**	**31**
Апрель	**1**	2	3	4	**5**	6	**7**	8	9	10	11	12	13	14		**16**	**17**	18			21		23	**24**	25	26	27	28	29	30	
Май	1	2	**3**	4	5	**6**	**7**	8	9	10	11	12	13		15	16	**17**	18	19	20		22		**24**	**25**		27	28	29	30	31
Июнь	1	2	**3**	4	5	6	**7**	8	**9**	10		12	**13**	14	15			18	19	20	21	22	23	24	**25**	**26**		28	29	30	
Июль	1	**2**	3	4	5	6			**9**	**10**	11	12	13	14		16	17	18	**19**		21	22	**23**	24	25	26	27	28	**29**	30	31
Август	1	2	3		5	6	**7**	8	9	10		12	13	**14**	15	16		18	19	20	**21**		23	**24**	**25**	26	**27**	28	29	30	31
Сентябрь		2	**3**	4	5		7	8	9	10	**11**	**12**	13		15	16	**17**	18	19	20	**21**		23	24	25	**26**	27	28	29	30	
Октябрь	**1**	2	3	4		6	7		**9**	10		12	13	14	15	16	**17**	18	**19**	20	21	22	**23**	24	25	26		**28**	29	30	31
Ноябрь	1	2		4	**5**	6		8	9	10	11	12	13	14	**15**	16	17	18	19	20	21		**23**	**24**	25	26	27		29	**30**	
Декабрь	**1**	2	3	4			**7**	8	9	10	**11**	**12**	13	14	15	16	17	18		20	**21**	22	23	24	**25**	26		28	29	30	31

РАК: счастливые числа

Январь	1	2	**3**	4	5		7		**9**	10	**11**	12	**13**	14	15	**16**	17	18	19	20	21	22	23	24	25	26			**29**	30	31
Февраль	1	2		4	5	6	**7**	**8**	9	10		12	**13**	**14**	15	16	17	18	19	20	21	**22**	23			26	**27**	28	29		
Март		2	3		**5**	6	**7**	8	9	10	11	**12**	13	14	15	16	17	18	19	**20**	**21**		23	24	**25**		27	28	29	30	31
Апрель	1	**2**	3	4		6	**7**	**8**	9	10	11	**12**	**13**	14	15	16	17	18			21	22	23	24		26	27	28	**29**	30	
Май	**1**	2		4	**5**	6	7	8	9	**10**	**11**	12	13	14	15	16		**18**	**19**	20	21	22		24	25	26	27	28	29		31
Июнь	1	**2**	3	4	5	6	**7**	8	9	**10**	11	12		14	**15**	16	17	18			21		23	**24**	25	26	27	**28**	29	30	
Июль	1	2	**3**	**4**	5	6	**7**	8	9		11	12		14	15	16	17	18	19	**20**	21	**22**		24	**25**	26	27		29	30	31
Август	1	2	3	4	**5**	6		**8**	**9**	10	11		13	14	15	16	17	18			**21**	**22**	23	24	25	26	27	28	29	**30**	31
Сентябрь	1	2		4	**5**	6	7	8	9		11	**12**	**13**	14	15			18	**19**	20	21	22	23	24	25	26	**27**	**28**	29	30	
Октябрь	**1**	2	**3**	4	5	6		8	9	10	**11**	12	13		**15**	**16**	17	18	19	20	21	22	23	24	25	26			29	**30**	31
Ноябрь	1	2	3	4	5	**6**	**7**			10	11	12	13	14	15	**16**	**17**			20	21	22	23	24	25	26	**27**	28	29	**30**	
Декабрь	1	2	3	**4**	5			8	**9**	10	11	12	**13**	14	15	16	17		19	20		22	23	**24**	25	26	27	28	29	**30**	**31**

ЛЕВ: счастливые числа

Январь	**1**	2		**4**	5	6	7		9	10	11		**13**	14	**15**	16	17	**18**	19	20	21	22	23	24	25	26	**27**	28	29		31
Февраль	**1**	2	3	4	5	6	7		9	10	11		13	14	**15**	16	17	18	19	**20**		22	23	**24**	**25**	26	27		**29**		
Март	1	2	3	4	5	6	7	8	**9**	10	11		13	14	15	16	17	**18**	**19**	**20**	**21**		23			26	27	**28**	29	30	31
Апрель	**1**	2	3	4	**5**	6			9	**10**	**11**	12	13	14	15		17	**18**	19	20	21		**23**	24	25	26	27	28	29	30	
Май	1	**2**	**3**	4		**6**	7	8	9	10	11	**12**	**13**	14	15	16	17			20	21	22	23		25	26	27	28	29	30	**31**
Июнь	1		**3**	**4**	5	6	7	8	9	10	11	12	**13**		15	16	**17**	18	19	20			23	24	25	**26**	27	28	29	**30**	
Июль	1	**2**	3	4	5	**6**	7	8	**9**	10	11			**14**	15	16	17	18	19	20	21	22	**23**			26	27	28	**29**	30	31
Август	1	2	**3**	4	5	6	**7**	8		**10**	11	12	13		15	16	17	18	19	20			**23**	24	**25**	26	27	28	29	**30**	31
Сентябрь	1	2	**3**	4		6	7	8	9	10	11	12	13	14	**15**	**16**				20	21	**22**	23	24	25	**26**	27	28	**29**	30	
Октябрь	**1**	2	3	4	5	6	7	8		10	11	12	**13**			16	**17**	18	19	20	21	22	23	24	25	26	**27**	**28**		30	**31**
Ноябрь	1	2	3	4		6	7	8	**9**	**10**	11			14	**15**	16		18	19	**20**	21	22	**23**	24	25	26	**27**	28	29	30	
Декабрь	1	2		4	5	6	**7**	8		10	**11**	12	13	14	15	**16**	17	**18**	19	20	21	**22**		24	25	**26**	27		29	30	31

ДЕВА: счастливые числа

Январь	**1**	2	**3**		5	6	7	8	**9**	10		12	13	14	**15**	16	17			**20**	21	22	23	24	25	26	27	28	29	30	**31**
Февраль	1	2	**3**	4	5	6	7		9	10	11	**12**	**13**	14			17	**18**	19	20	21	22	**23**	24	25	26	**27**	28			
Март	**1**	2	3	4	5			8	9	10	**11**	12	13	14	15	16	17	18	19	**20**	**21**	22	23	24	25			**28**	**29**	30	31
Апрель	1			4	5	6	**7**	**8**		10	11	12	13	14	**15**	16	**17**	18	19	20	21	22	23	**24**	**25**	26	27	28		30	
Май	1	2	3	**4**	5	6	**7**		9	**10**	11	12	13	14	15	16	17	**18**	19	20		**22**	23	24	25	26			29	30	**31**
Июнь	**1**	2		4	5	**6**	**7**	8		10	**11**	12	13	14	**15**		17	18	19	20	21	22	23		25	26	27	28	**29**	30	
Июль	1		3	**4**	5	6	7	8	**9**	**10**	11	12	13		15	16	**17**	18	19		21		23	24	**25**	26	27	28	29	**30**	31
Август	1	2	**3**	4	**5**	6	7	8	9		11	**12**	13	14	15	16			19	20	21	**22**		24	25	26	27	**28**	**29**	30	31
Сентябрь	1	2	3	**4**	5	6			**9**	**10**	11	12	13	14	15	16		18	19	20		**22**	**23**	24	25	26	27	**28**	29	30	
Октябрь	**1**	**2**	3		5	6	7		9	10	**11**	**12**	13		15	16	17	18	19		21	22	23	24	**25**	26	27	28	29	**30**	31
Ноябрь	1	2	3	4		6		8	9	10	11		13	14	15	16	**17**	**18**	19	20		**22**	**23**	24	**25**	26	27	28	29	**30**	
Декабрь	1	2	3				7	8	**9**	**10**	11	12	13		15	16	17	**18**	19	20	21	22	**23**	24	25	**26**	27	**28**	29	30	31

ВЕСЫ: счастливые числа

Январь	**1**	2	3	4	**5**			8	**9**	10	11	12	13	14	15	16	17	18	**19**	**20**		22		24	25	26	**27**	28	29	30	31
Февраль	1	**2**	3	4	5	**6**	7	8	9	10		12	13	14	**15**	16		18		**20**	21		23	**24**	25	26	27	28	**29**		
Март	1		3	**4**	5	6	7	8			11	12	13	**14**	15	16	17	**18**	19	20	21	22	**23**	24	25	26	**27**		29	30	**31**
Апрель	**1**	2	3			6	7	8	9	10	11	12	13		**15**	16	17	18	**19**	20	21	22	**23**	**24**	25		27	**28**	29	30	
Май	1	2		4	5	6	**7**	8		10	11	**12**	13	14	15	16	**17**	18	19	20	**21**	22		**24**	25	26	27	28		30	31
Июнь	1	2	3	4	5	6		8	9	10	11	**12**	**13**	14	15	**16**	17	18			21	**22**	23	24	25	26		28	29	**30**	
Июль	1	2	3	**4**	5	6	7	8	9		11	12	13	**14**	15	16		18	**19**	**20**	21	22	**23**	24	25	26		**28**		30	31
Август	**1**	2	3	4	5	6	**7**	8	9	**10**	**11**			14	**15**	16	17	18	19	20	21		23	24	25	26		28	29	**30**	31
Сентябрь	1	2	**3**	4	5	**6**	7		9	10	**11**	12	13	14	15			18	19	**20**	21	**22**	23		25	26	27	28	**29**	30	
Октябрь	1	2	3	**4**	**5**	6	7		9	10	11		13	14	15	16	**17**	18	19			**22**	23	**24**	25	26	**27**	28	29	30	31
Ноябрь	**1**	2	3	**4**	5	**6**	7	8		10	11	12	13	**14**	15	16		18	**19**	20	21	22	23	24	25	**26**	27			30	
Декабрь	1	2	**3**		5	6		8	9	10	11	**12**	**13**	14		16	17	18		20	**21**	22	23	24	**25**	26	27	28	**29**	30	31

СКОРПИОН: счастливые числа

Январь	1	**2**	**3**	4	5	6	**7**	**8**	9		11	12	13	14	15		17		19	20	21	**22**	23		25	26	27	28	29	30	31
Февраль		2	3	4	5	6	7	8	**9**	10	11		13		15	16	**17**	**18**	19		21	22	23	**24**	25	26	**27**	28	29		
Март	**1**	2		4	5	**6**	7	8	9	10		12	13	14	**15**	16	17	18		**20**	21	22	23	24	**25**	26	27	28	**29**		31
Апрель	1	**2**	**3**	4	5	6			9	10	11	**12**	13	14	15	16	**17**	18	19	20	**21**	22	23	24	25		27		**29**	30	
Май	1	2	3		**5**		7	8	9	**10**	**11**	12	13	14	**15**	16	17	18	**19**	20	21	22	23		25		**27**	28	29	30	31
Июнь	1		3	4	5	**6**	7		9	10	**11**	12	13	14	**15**	16	17	18	**19**	20	21	22	**23**	24	**25**		27		29	30	
Июль	1	2		**4**	5	6	**7**		**9**	10	11	12	13	14	15	16	**17**	18		20	**21**	22	23	24	25	26	27	28	29	**30**	
Август	1		3	4	**5**	6	7	8	**9**	10	11		**13**	14	15	16	**17**	**18**	19	20	21		23	24	25	26	**27**		29	30	31
Сентябрь	1	2	3	4	5	6	7	8	**9**	**10**		**12**	13		15	16	17		19	20	21	22	**23**	24	25	26	**27**	**28**		30	
Октябрь	1	**2**	**3**	4	5	6	7			10	**11**	12	13	14	15	16	17	18	19	**20**	21		23	24	**25**	26	27	28	**29**	**30**	31
Ноябрь	1	**2**	3	4		**6**	7	8	9	10	11		13	14	15	**16**	**17**		19	20	21	22	**23**	24	25	26	27	28		**30**	
Декабрь	1	**2**	3	4	5	**6**	7	8	9	10	11		13	14	15	**16**	**17**		19	20	21	22	**23**	24		26	27	28		**30**	31

СТРЕЛЕЦ: счастливые числа

Январь	**1**	2	3	4	5		7	8	**9**	10	11		13	**14**	**15**	16	17		19	20	21		**23**	**24**	25	26	27	28	29	30	31
Февраль	1	2	**3**	4	**5**	6	**7**		9	10	11	12	13	14			17	18	**19**	20	**21**	22		24	25	26	27	**28**	29		
Март	1	2	3	4	**5**			**8**	9	**10**	11	12	13	14		16	17	18	**19**	20		22	**23**	24	25	26	27	28	29	30	**31**
Апрель	1	2		**4**	5	6	7	8	9	10	11	12	13	**14**	**15**	16	17		**19**	**20**	21		23	24	25		27	**28**	29	30	
Май	**1**	2	3	4	5	6		8	9	10	11	**12**	13			**16**	17	18	19	**20**	21	22	23	24	25	**26**		28	29	30	**31**
Июнь	1	2		4	5	6	**7**	**8**	9	10		12	**13**	14	15	16	**17**	18	19	20	**21**	22			**25**	26	27	28	29	30	
Июль	1	2	3	4	5	**6**		8	9	10	**11**	12	13	14	**15**	16	17	18	19		**21**	**22**		24	**25**	26	27	28		30	31
Август	1	2	**3**		5	**6**	**7**	8	9	10	11		13	**14**	**15**	16	17		19	20	21	22	23	24	25	26	27		**29**	30	31
Сентябрь	**1**	2	3	4	5	6	7	8	9	**10**	11	**12**		14	**15**	16		18	19		21		23	24	25	**26**	27	28	**29**	30	
Октябрь	1	2	3	**4**	**5**	6	7	8	9	10			13	14	15	16	17		19	20	21	**22**	**23**	24	25		**27**	28	29	30	**31**
Ноябрь	1	2	3	4	5		7	8	**9**	10	11	12	13			16	17	18	**19**	**20**	21		**23**	**24**	25	26	27	**28**	29	30	
Декабрь	1	2	**3**	4	5		**7**	**8**	9	10		12	13	14	15	16	**17**		19	20	21	**22**	23	24	**25**	26	27		29	30	31

КОЗЕРОГ: счастливые числа

Январь	1	**2**	3	4	5	6	**7**	**8**	9	10		12	13			16	17	**18**	19	20	21	22	23	24	25	**26**	27		29	30	**31**
Февраль	1	2	**3**	4	5	6	**7**	8	**9**	10		**12**	**13**	14	15	16	17		19	20	21	22	23			26	**27**	28	29		
Март	**1**	2	3	4	**5**	6	**7**		9	**10**	11	12	13	14	15			18	19	20	21	22		**24**	25	26	27	**28**	29	30	31
Апрель	1	**2**	**3**	4	5	6	**7**	8	9	10	11			14	15	**16**	17	18			21	22	23	24	**25**	**26**	27	28	29	30	
Май	1	2	3	4	**5**	**6**	7	8	9		11	12	13	**14**	**15**		17	18	19	20	21	22	23	24	25	26	**27**	28			**31**
Июнь	**1**	2	3	4		6	7	8	9	10	11	12		**14**	**15**	16	17	**18**	19	20	21		23	**24**	25		27	28	**29**	30	
Июль	1		3	4	5	6	7	8	**9**	10		**12**	**13**	14	15		**17**	18	19	**20**	21	22	23		25	26	**27**	28	29	30	31
Август	1	2	**3**	4	5		7	**8**	**9**	10	11	12	13	14	15	**16**	17			20	**21**	22	23	24	25	26	27	28		30	**31**
Сентябрь		2		4	**5**	6	7	8	**9**	10	11	12	13	**14**	15	16		**18**	**19**	20	21	22		24	25	26	**27**	28	29	30	
Октябрь	1	2	3	4	5	6	7		9	**10**	**11**		13	14	15	**16**	**17**	18	19	20		22	23	24	**25**	26		28	29	**30**	31
Ноябрь	1	2	3	4	5	**6**	**7**	**8**	9		11	**12**	**13**	14	15	16			19	20	21	22	23	24		**26**	27	28	29	30	
Декабрь	1		**3**	4	5		7	**8**	**9**	10		12	13	14	15	16	17	18	**19**	20	21	22	23	**24**	25	26	27	28	29		**31**

ВОДОЛЕЙ: счастливые числа

Январь	**1**		3	4	**5**	6	7	8	**9**	**10**	11	12	13	14	**15**	16	17	18		**20**	21	22	23		25	26	27	28	29	30	
Февраль	1	**2**	3	4	**5**	**6**	7	8	9	10	**11**	12		14	15	**16**	17	18	19		21	22	23	24	25			28	**29**		
Март	1	2	**3**	4	5	**6**	**7**	8	9	**10**		12	13	14	15	16	**17**	18		20	21	22	23			26	27	28	29	**30**	31
Апрель	1	2	3	**4**	**5**	6		8	9	**10**	11	12	13			16	17	18	19	**20**	21	22	**23**		25	26	27	28	**29**	30	
Май	1	2	3		5	6	**7**	**8**	9	10	11		13	14	15	**16**	**17**			20	21	22	23	24	**25**	26	27	28	29	30	**31**
Июнь			3	4	**5**	6	7	8	9	10	11	**12**	13	14	15	16	**17**	**18**	19	20	21	22	23	24	**25**	**26**	27			30	
Июль	1	2	3	4		6	7	8	9	**10**	**11**			14	15	16	17	18	**19**	20	21	**22**	**23**	24	25		27	**28**	29	30	31
Август	1		3	4	5	6	7	8	9	**10**	11	12	13	**14**	15	16	17	18	**19**	**20**	21			**24**	**25**	26		28	29	30	31
Сентябрь	1	2	3			6	7	8	9	**10**	**11**	**12**	13	14	15	16	17	18		20	21	**22**	23	24		26	27	28	**29**	**30**	
Октябрь	**1**		**3**	4	5	6	7		**9**	10		12	**13**	14	15	16	17	18	19	20	21	22	23	24	25		**27**	**28**	29	30	31
Ноябрь	1	2	3	**4**	**5**	6	7	8	9	**10**		12	13	14	**15**	16	17		19	20	21	22	**23**	24	25			**28**	29	30	
Декабрь	1	2	3	4	5	6	**7**	**8**		10	11	12	**13**	14	15			18	19	20	**21**	22	23		**25**	26	**27**	28	29	30	31

РЫБЫ: счастливые числа

Январь	1	2	3	4	**5**	6	**7**		**9**	10	11	12	13	14	15		17	18	19	20	**21**	**22**		24	25	26	**27**		29	30	31
Февраль	1	2	3	**4**		6	**7**	8	**9**		11	12	13	14	15	16	17	18	19	**20**	**21**		23	24		**26**	27	28	29		
Март	1	2	3	4	**5**	**6**	7	8	9	10		**12**	**13**	14		16	**17**		19	20	21	22	23	24	25		27	28	**29**	30	31
Апрель	1	2	3	4	5	**6**	7	**8**		10	**11**		13	14	**15**	16	17	18	19		21	**22**		24	25	26	27	28	29	**30**	
Май	1	2	3		5	6	7	**8**	9	10	11	12	13	**14**	**15**	16		18	**19**		21	22	23	**24**	25	26	27		**29**	30	31
Июнь	1	2	3	4	5		7	8	9	**10**	**11**	12	13	14	15	16	17		**19**	20	**21**	22	**23**		25	26	**27**		29	30	
Июль	1	2	3	4	5	6	7		9	10	**11**	12	13	14	**15**	16	17	18	19	**20**		**22**	23	**24**			27	28	29	30	**31**
Август	1	2	3			6	7	8	9	10	11	12	**13**	14	15	**16**	**17**	18		**20**	21	22	23	24		26	27	**28**	29	**30**	31
Сентябрь	1	2		4	5	6	7		9	10	11	12	13	14	**15**	16	**17**		**19**	20	21	22	23	**24**	25		**27**	**28**	29	30	
Октябрь	1	2	3		5		7		9	10	11	12	13	14	15	16	**17**	18	**19**	**20**	**21**	22	23	24	25	26	27		**29**	**30**	31
Ноябрь		2	3	4	5	6	7	**8**	**9**	**10**	11		13	**14**	15	16	17		**19**	20	**21**	22	23		25	26	27	28	29	30	
Декабрь	1	2	**3**	4	5	6	**7**	8	**9**	10		12	**13**	14	15		17	18	19		21	**22**	23	24	25	26	27	28		30	31

Нумерология и фэншуй

Значительное место в традиционном фэншуй занимает изучение чисел и энергий, которые они собой представляют.

Геомантия учит, что числа 2, 5, 6, 8 и 9 приносят удачу, а числа 1, 3 и 4 — несчастье. Древнее китайское учение утверждает, что числа:

- 1 идет вразрез с китайской доктриной о двуединстве инь и ян, однако оно способствует быстрому обретению богатства, подчас нечестным путем.
- 2 способствует достижению намеченных целей. Именно два государя и две государыни — олицетворение достигнутого — находились во дворце, куда пришел герой эпоса о мышах-оборотнях.
- 3 — первое нечетное число, поэтому обычно китайцы считают его приносящим неудачу.
- Название числа 4 произносится созвучно со словом, обозначающим смерть — *сы*, таким образом, считается, что число 4 приносит беду. Китайцы делили небо на четыре части.
- 5 ассоциируется с пятью стихиями. В Древнем Китае существовал культ пяти священных гор. Верховный владыка Ди-Цзюнь опускался с неба на землю и дружил с пятицветными птицами, которые следили за его жертвенным алтарем. В Китае существует понятие У Ди — «пять императоров», «пять государей», «пять божеств», «пять великих». Это собирательное понятие для обозначения пяти великих персонажей. Разные древние авторы по-разному расшифровывали это понятие. По одной версии, это пять исторических правителей древности, по другой — пять небесных государей, по третьей — духи пяти стихий. В соответствии с последними воззрениями, У Ди — это

пять небесных государей, символизирующих пять направлений (четыре стороны света и центр): владыка востока Цан-ди («зеленый государь»), владыка юга — Чи-ди («красный государь»), владыка центра Хуан-ди («желтый государь»), владыка запада Бай-ди («белый государь») и владыка севера Хэй-ди («черный государь»).

- 6 — очень важное в предсказательной нумерологии число: оно приносит богатство. Великан Лунбо поймал на крючок шесть волшебных черепах. Согласно поздним представлениям о шести формах перерождения, которые назначаются в аду Диюи умершему. Те, кто творили только добро, рождаются вновь в облике князей, полководцев и сановников; менее добродетельные — в облике купцов, ученых, ремесленников и земледельцев либо вдовцов, бездетных, сирот.
- Число 7 отождествляется с темной воинственностью. Повелитель севера Сюань-У, созвездие из семи звезд в северной части неба, был включен в даосский пантеон. Он спустился в мир людей и за семь дней уничтожил на земле всех оборотней и бесов. Существовало также представление о волшебном мече, цисинцзянь («меч семи звезд»), разрубающем нечисть.
- А вот число 8 служит предзнаменованием будущего богатства. Восемь триграмм в древнекитайской космологии и натурфилософии — восемь сочетаний из цельных линий, символизирующих мужское, светлое начало ян, и прерванных линий, соответствующих женскому, темному началу инь. В даосской традиции известна популярнейшая группа героев — восемь бессмертных и восемь скакунов. Некоторые из этих восьми коней на скаку не касались ногами земли, другие мчались быстрее, чем птица, и за одну ночь могли проскакать десять

тысяч ли, у одного на спине росли крылья, и он мог летать. Героями даосских сказаний были в основном бессмертные гении. Особо широко были распространены предания о восьми бессмертных, покровителях различных искусств и профессий, творивших чудеса.

- 9 связано с долголетием. В китайской космогонии известно девять небесных сфер Цзю Тянь («девять небес»), расположенных друг над другом и составляющих небо. Цзю Тянь соответствовало на земле цзю чжоу — 9 областям, на которые был разделен Китай. По средневековым даосским представлениям, каждая из сфер имеет ворота, охраняемые тиграми и барсами, а также привратником небесного государя.
- 10 являет собой определенность.

В следующей таблице указаны числа и их свойства в соответствии с учением фэншуй:

Числа	**Свойства**
1	нейтральное
2	благоприятное
3	нейтральное
4	неблагоприятное
5	благоприятпое
6	благоприятное
7	–
8	благоприятное
9	–
10	благоприятное

Свойства чисел	**Числа**
благоприятные	2,5, 6, 8, 10, 13, 88, 99
неблагоприятные	4
нейтральные	1, 3

Название числа «четыре» произносится созвучно со словом, обозначающим смерть — сы, таким образом, считается, что число 4 приносит беду.

В традиционном фэншуй с числом 7 не связывается никакого определенного значения, в то время как число 13 весьма почитается в буддизме: это число лунных месяцев в году, и считается оно, разумеется, очень хорошим. Некоторые китайцы считают, что определенные числа более удачливы, когда написаны в западном стиле. Например, число 88 напоминает китайский иероглиф «двойное счастье»; соответственно, оно приносит удачу супругам. $8 \times 8 = 64$ — это количество триграмм древней «Книги Перемен». Восемь — это также число бессмертия.

Насыщение энергией чисел помогает урегулировать ум и нормализовать приток энергии удачи. Числа в фэншуй связываются с триграммами.

Как создать персональную визуализационную триграмму (она понимается как число)? Начертите круг, разделите его на 8 равных секций. Каждая секция и каждый элемент характеризуется своим числом:

Сторона	**Число**
юг	9
юго-запад	2
запад	7
северо-запад	6
север	1
северо-восток	8
восток	3
юго-восток	4

Основываясь на своей дате рождения, можно разработать собственную защитную триграмму. Сначала нужно взять две последние цифры года рождения и сложить их. Полученную сумму нужно сократить до одиночной цифры. Последний шаг (для женщин) — берем эту цифру и прибавляем ее к 5. Получается защитное визуализационное число.

Для мужчин расчет имеет несколько иной вид. После выполнения 3-го действия нужно взять полученную цифру и вычесть ее из 10.

Теперь свяжем числа с направлениями визуализационного потока:

Направление	Число	Характеристика
юг	9	огонь; слава; лето; красный цвет
юго-запад	2	большая земля; бежевый цвет, гора; семья
запад	7	маленький металл; бронзовый цвет; серебро; золото; дети; осень
северо-запад	6	большой металл; бронзовый цвет; серебро; золото; небеса
север	1	вода; синий цвет; карьера; зима
северо-восток	8	маленькая земля; бежевый цвет; образование
восток	3	большое дерево; рост; светло-зеленый цвет; здоровье; весна
юго-восток	4	маленькое дерево; темно-зеленый цвет; растения; благосостояние

А что делать, если получается число 5, которого нет в таблице? В этом случае женщины должны брать в качестве своего числа число 8 (северо-восточный сектор), а мужчины — число 2 (северо-западный сектор).

Вот основные положения фэншуй относительно ключевых чисел:

Число	Трактовка
1	Все мы живем на одной планете, Земле.
2	Инь и ян — две противостоящие силы, которые производят жизнь на Земле.
3	Выделяются три жизненных цикла: рождение, сокращение, разрушение.

Окончание таблицы

Число	Трактовка
5	Выделяются пять элементов, или пять энергий, оказывающих воздействие на планету: дерево, огонь, земля, металл и вода.
8	Выделяются восемь триграмм и восемь основных направлений: север, северо-запад, запад, юго-запад, юг, юго-восток, восток и северо-восток.
9	Выделяются девять чисел: 1, 2, 3, 4, 5, 6, 7, 8, 9.

В фэншуй определяются 8 ориентаций зданий. Ниже представлены все ориентации и указаны их энергетические свойства. Тип здания определяется по тому, куда выходит дверь.

		север		
	1	ДВЕРЬ	2	
запад	5		7	восток
	3	4	6	
		юг		

		север		
	3	4	5	
запад	2		6	восток
	1	ДВЕРЬ	7	
		юг		

		север		
	2	7	1	
запад	3		ДВЕРЬ	восток
	5	6	4	
		юг		

		север		
	6	5	4	
запад	ДВЕРЬ		3	восток
	7	2	1	
		юг		

северо-запад		север		
	ДВЕРЬ	1	7	
запад	6		2	восток
	4	3	5	
		юг		

		север		северо-восток
	6	7	ДВЕРЬ	
запад	5		1	восток
	4	3	2	
		юг		

		север		
	3	6	3	
запад	1		4	восток
	2	7	ДВЕРЬ	
		юг		юго-восток

		север		
	4	3	6	
запад	7		5	восток
	ДВЕРЬ	1	2	
юго-запад		юг		

Значение числовых показателей

Показатель	Значение
1	неудобство
2	негостеприимство
3	нежелательность
4	удача
5	неблагоприятность
6	удобство
7	благожелательность

Счастливый квадрат Луо Шу:

4	9	2
9	5	7
3	1	6

Этот квадрат предложил первый правитель Китая император Фу Си, выведший изобрел восемь Великих Триграмм, разглядывая панцирь греющейся на берегу реки Луо черепахи. На панцире священного животного он увидел замечательную вещь: квадрат из девяти цифр, каждая из которых была представлена в виде серии точек. Каждый ряд цифр по горизонтали, вертикали или диагонали при сложении давал один и тот же результат: число 15 (а число 15 приносит богатство). Упоминания об этом необыкновенном квадрате можно найти в самых ранних священных китайских текстах, особенно в тех, в которых описывается искусство фэншуй. В «Книге принца Гуай Наня», созданной во II веке до н. э., говорится, что в этом квадрате, каждое нечетное число (аспект инь) всегда соответствует основным указателям сторон света на компасе. Четные же числа, соответственно, являлись аспектами ян.

Таинство больших чисел

Какое самое большое число вы можете назвать? Миллион? Миллиард? Но существуют гораздо большие числа, и каждое из них имеет свое название. Такие числа используются в астрономических расчетах, при определении сверхмакро- и сверхмикро-понятий. Далее в таблице представлены все большие и малые числа (как степени числа 10), которыми в настоящее время оперирует наука.

10^{10}
– время, которое, по мнению ученых, прошло от начала Большого взрыва Вселенной;
– число звезд нашей галактики;
– число галактик;
– расстояние, которое свет проходит за год.

10^{20}
– число звезд;
– количество атомов в 10 граммах углерода;
– масса Земли;
– диаметр Млечного Пути (10^{21});
– диаметр Вселенной (10^{26}).

10^{30}
– масса Солнца.

10^{40}
– соотношение электромагнитной и гравитационной силы между двумя электронами;
– масса Млечного Пути.

10^{50}
– масса Вселенной.

10^{80}
– число частиц видимой Вселенной.

10^{40000}
– вероятность того, что обезьяна путем случайного нажимания на клавиши клавиатуры напечатает «Гамлета».

	Префикс	Символ	Американское название	Европейское название
10^{-24}	йокто-	y	септиллион	
10^{-21}	зепто-	z	секстиллион	
10^{-18}	атто-	a	квинтиллион	
10^{-15}	фемто-	f	квадриллион	
10^{-12}	пико-	p	триллион	
10^{-9}	нано-	n	биллион	
10^{-6}	микро-	µ	миллион	
10^{-5}	санти-милли-	cm	стотысячная	
10^{-4}	децимил-ли-	dm	десятитысячная	
10^{-3}	милли-	m	тысячная	
10^{-2}	санти-	c	сотая	
10^{-1}	деци-	d	десятая	
$10^0 = 1$			один	один
10^1	дека-	dk	десять	десять
10^2	гекто-	h	сто	сто
10^3	кило-	k	тысяча	тысяча
10^4	мириа-	ma	десять тысяч	десять тысяч
10^5	гектоки-ло-	hk	сто тысяч	сто тысяч
10^6	мега-	M	миллион	миллион
10^9	гига-	G	биллион	миллиард
10^{12}	тера-	T	триллион	биллион
10^{15}	пета-	P	квадриллион	биллиард
10^{18}	экза-	E	квантиллион	триллион
10^{21}	дзетта-	Z	сексиллион	триллиард
10^{24}	йотта-	Y	септиллион	квадриллион
10^{27}			октиллион	квадриллиард
10^{30}			нониллион	квинтиллион
10^{33}			дециллион	квинтилли-ард
10^{36}			ундециллион	секстиллион
10^{39}			дуодециллион	секстиллиард
10^{42}			тридециллион	септиллион

Продолжение таблицы

	Префикс	Символ	Американское название	Европейское название
10^{45}			квattуордецил-лион	септиллиард
10^{48}			квиндециллион	октиллион
10^{51}			сексдециллион	октиллиард
10^{54}			септдециллион	нониллион (новентиллион)
10^{57}			октодециллион	нониллиард (новентиллиард)
10^{60}			новемдециллион	дециллион
10^{63}			вигинтиллион	дециллиард
10^{66}			унвигинтиллион	ундециллион
10^{69}			дуовигинтиллион	ундециллиард
10^{72}			тревигинтиллион	додециллион (дуодециллион)
10^{75}			кваттуорвигинтиллион	додециллиард (дуодециллиард)
10^{78}			квинвигинтиллион	тредециллион
10^{81}			сексвигинтиллион	тредециллиард
10^{84}			септвигинтиллион	кваттуордециллион
10^{87}			октовигинтиллион	кваттуордециллиард
10^{90}			новемвигинтиллион	квиндециллион
10^{93}			тригинтиллион	квиндециллиард
10^{96}			унтригинтиллион	сексдециллион
10^{99}			дуотригинтиллион	сексдециллиард
10^{100}			гугол	гугол

Продолжение таблицы

	Префикс	Символ	Американское название	Европейское название
10^{102}			третригинтиллион	септендецил-лион
10^{105}			кваттуортригин-тиллион	септендецил-лиард
10^{108}			квинтригинтил-лион	октодецил-лион
10^{111}			секстригинтил-лион	октодецил-лиард
10^{114}			септтригинтил-лион	новемдецил-лион
10^{117}			октотригинтил-лион	новемдецил-лиард
10^{120}			новемтригинтил-лион	
10^{123}			квардрагинтил-лион	
10^{126}			унквардрагинтил-лион	
10^{129}			дуоквардрагинтил-лион	
10^{132}			треквардрагинтил-лион	
10^{135}			кваттуорквардра-гинтиллион	
10^{138}			квинквардрагин-тиллион	
10^{141}			сексквардрагин-тиллион	
10^{144}			септквардрагин-тиллион	
10^{147}			октоквардрагин-тиллион	
10^{150}			новемквардрагин-тиллион	
10^{153}			квинквагинтил-лион	

Продолжение таблицы

	Префикс	Символ	Американское название	Европейское название
10^{156}			унквинквагинтиллион	
10^{159}			дуоквинквагинтиллион	
10^{162}			треквинквагинтиллион	
10^{165}			кваттуорквинквагинтиллион	
10^{168}			квинквинквагинтиллион	
10^{171}			сексквинквагинтиллион	
10^{174}			септквинквагинтиллион	
10^{177}			октоквинквагинтиллион	
10^{180}			новемквинквагинтиллион	
10^{183}			сексагинтиллион	
10^{186}			унсексагинтиллион	
10^{189}			дуосексагинтиллион	
10^{192}			тресексагинтиллион	
10^{195}			кваттуорсексагинтиллион	
10^{198}			квинсексагинтиллион	
10^{201}			секссексагинтиллион	
10^{204}			септсексагинтиллион	
10^{207}			октосексагинтиллион	
10^{210}			новемсексагинтиллион	

Продолжение таблицы

	Префикс	Символ	Американское название	Европейское название
10^{213}			септуагинтиллион	
10^{216}			унсептуагинтил-лион	
10^{219}			дуосептуагинтил-лион	
10^{222}			тресептуагинтил-лион	
10^{225}			кваттуорсептуа-гинтиллион	
10^{228}			квинсептуагинтил-лион	
10^{231}			секссептуагинтил-лион	
10^{234}			септсептуагинтил-лион	
10^{237}			октосептуагинтил-лион	
10^{240}			новемсептуагин-тиллион	
10^{243}			октогинтиллион	
10^{246}			уноктогинтиллион	
10^{249}			дуооктогинтил-лион	
10^{252}			треоктогинтил-лион	
10^{255}			кваттуороктогин-тиллион	
10^{258}			квиноктогинтил-лион	
10^{261}			сексоктогинтил-лион	
10^{264}			септоктогинтил-лион	
10^{267}			октооктогинтил-лион	

Окончание таблицы

	Префикс	Символ	Американское название	Европейское название
10^{270}			новемоктогинтиллион	
10^{273}			нонагинтиллион	
10^{276}			уннонагинтиллион	
10^{279}			дуононагинтиллион	
10^{282}			тренонагинтиллион	
10^{285}			кваттуорнонагинтиллион	
10^{288}			квиннонагинтиллион	
10^{291}			секснонагинтиллион	
10^{294}			септнонагинтиллион	
10^{297}			октононагинтиллион	
10^{300}			новемнонагинтиллион	
10^{303}			центиллион	
10^{600}				центиллион
$10\ (10^{100})$			гуголплекс	гуголплекс
10^{6n}			$(2n-1)$-иллион	n-иллион
10^{6n+3}			$(2n)$-иллион	n-иллиард

Занимательная нумерология

Знание о математической матрице событий помогает использовать ее самыми различными способами. Например — показывать интересные фокусы. Немногим известно, что зачастую фокусы основываются на несложных постулатах, владение — то есть успешное применение на практике — которыми дает удивительные результаты.

Существует эффектная методика расчета дня недели, основываясь на полной дате рождения. Всегда интересно наблюдать, как во время беседы клиент удивляется, когда ему сообщают день недели даты его рождения. Вы можете сделать это сами, проделав следующие расчеты.

Каждому месяцу и веку приписывается определенное число:

19-й век	2
20-й век	0
21-й век	6

Числа, соответствующие месяцам, таковы:

Месяц	Число
январь	1
февраль	4
март	4
апрель	0
май	2
июнь	5
июль	0
август	3
сентябрь	6
октябрь	1
ноябрь	4
декабрь	6

В високосные годы числа, соответствующие январю и февралю, соответственно, 0 и 3.

Например, дата рождения 6-8-1960.

1. Поделим последние две цифры века на 4 : 60 : 4 = 15

2. Прибавим это число 15 к году рождения, то есть к 60 : 60 + 15 = 75

3. Сложим это число 75 с датой рождения: 16 + 75 = 91

4. Прибавим число месяца рождения: 3 + 91 = 94
1. Прибавим число 20-го века (0).

Теперь поделим это число 94 на 7 и найдем остаток. Он равняется 3, следовательно, день рождения — вторник.

Соотношение между остатком и днем недели будет следующим:

Если остаток равен 0, то день недели — суббота
Если остаток равен 1, то день недели — воскресенье
Если остаток равен 2, то день недели — понедельник
Если остаток равен 3, то день недели — вторник
Если остаток равен 4, то день недели — среда
Если остаток равен 5, то день недели — четверг
Если остаток равен 6, то день недели — пятница

В приведенной выше дате рождения, 16-8-1960, мы видим, что это високосный год. Таким образом, если месяц рождения январь или февраль, а не август, то число месяца будет 0 или 3 соответственно.

Нумерология мысли

Человеческий разум обладает огромной силой проникать в будущее. В мозгу существует тысяча центров, каждый из которых обладает огромной силой. Если на эти центры оказать стимулирующее воздействие, они свою силу проявят. Иногда говорят: «Подумай о чем-нибудь — и оно появится перед тобой». Это весьма распространенное явление, происходящее в повседневной жизни. Идя по улице, мы думаем о каком-либо человеке — и вдруг встречаем его за углом. Иногда это называется телепатией.

Длина волны имеет числовое выражение. Для чтения мыслей необходимо проделать следующее.

Человек, чьи мысли вы собираетесь читать, должен произнести, не думая, подряд 9 чисел. Эти числа затем складываются и к сумме прибавляется 3. Посмотрите на значение числа, которое при этом получается.

Данная процедура основывается на том, что разум откликается буквально на все, а числа, выдаваемые им, имеют непосредственную связь с мыслями, следовательно, ими можно воспользоваться как ключами.

Например, называется числовой ряд:

9865271142 = 44
+ 3
получаем: 44 + 3 = 47

Смотрим в числовые значения, приведенные далее: «Вы думаете о себе, справедливости, равенстве, драгоценностях, мере, весе, пропорциях, мире, удовлетворении, отдыхе, смерти».

Тайные мысли и нумерологический ключ к ним

1. Вы думаете о позиции, возвышении, вещах над собой, хозяине или предшественнике, вершине, голове, известности, ее обретении или лишении.

2. О расстоянии, отдаленных вещах, путешествии, загранице.

3. Вы думаете о личном событии, нездоровье, возможно, о гриппе, жаре или гневе.

4. О домашних делах. Семейном круге, любви и удовольствиях; о сердце и о чем-то страстно желаемом.

5. О браке; понимании, соглашении; о вещах, находящихся в союзе или гармонии.

6. О новостях, брате, средствах связи, путешествиях.

7. О доме, невидимых вещах, о земле, воде, океане, переменах, переезде.

8. Об антиквариате, иностранных вещах; загранице, востоке.

9. О смерти или потери, о неудачных контрактах относительно возвращения собственности.

10. О неудачном союзе, плохом соглашении, споре.

11. Об оценке собственности, шахтах, недвижимости.

12. О приятном окружении, празднике, концерте, карнавале, красивой одежде, личном комфорте.

13. О деньгах, перепродаже, получении.

14. О короткой поездке, круизе, водных сообщениях; женщине.

15. О тяжелой утрате или смерти; похоронах; потере, неудаче.

16. О счастливом и удачливом союзе, жене, понимании или соглашении.

17. О слуге, близком человеке, неудобствах, болезни, недомогании.

18. О приятной поездке, золотой вещи; любви, доме, радости; желаемой вести.

19. О воздержании, лишении свободы, заключении, ребенке.

20. О поездке или письме; переносимых вещах; о себе в связи с другими людьми, дороге.

21. О приобретении, деньгах, некоторой финансовой удаче, белых серебряных вещах, монетах.

22. О неудачном браке или больном партнере, плохом контракте, трудностях, враге или сопернике.

23. О хорошей жизни, богатой одежде, сытной еде, хорошем здоровье, удобных вещах, хорошем положении.

24. О шатком положении; семейной ссоре; детях; неудачном предприятии; недозволенных любовных отношениях.

25. О больших приобретениях, благосостоянии, золоте, солнце, светящихся вещах.

26. О мире, процветании, доме, фундаменте, основании.

27. О близлежащем месте, короткой поездке на лодке; о брате или родственнике, о письме или посланнике.

28. О себе; о белом белье; чаше или серебряной посуде; новой луне.

29. О плохом здоровье; заболеваниях крови; неудачах; бедности и испытаниях.

30. О счастливых детях, приятном переживании, союзе, удачном приданом или наследстве.

31. О чем-то невидимом, змее в доме, скорпионе или жуке, загранице.

32. О царе, правителе, золотых украшениях, солнце, собственном характере и личности.

33. О приятном сообщении, хорошем положении, брате, безупречности.

34. О финансовой прибыли; покупке еды или других необходимых вещей, зерна; общей выгоде.

35. О женщине, рождении, плане или схеме, о чем-то тайном; родах.

36. О потери в результате продаж и покупок, больном ребенке, несчастной семье, нищете и бедах.

37. О неудачном соглашении, несчастливом браке, доме или имуществе, конюшне.

38. О смерти от малярии или лихорадки; о путешествии, сообщении; о сестре; близлежащем бассейне.

39. О закрытом месте или храме; золотой молодежи; изгнании, отставке.

40. О деньгах, ценных вещах, драгоценностях, украшениях, цене на зерно.

41. О себе, своей фигуре; своих украшениях, облечении полномочиями, еде, положении, кредите.

42. О друге, достойной женщине, партнерше или ее подруге, о собрании людей, митинге.

43. Об имуществе предков, старике, старом здании, стоимости минералов, кладбище.

44. О брате, письме из-за моря или издалека, о книге, хорошем здоровье, личном удобстве, роскоши.

45. О браке, приобретении или потере, малоценной вещи, фактах, ссоре, предвзятости, неравенстве, мошенничестве.

46. О друге, человеке, занимающем высокий пост; золотых вещах, драгоценностях, золотом кольце.

47. О себе, справедливости, равенстве, драгоценностях, мере, весе, пропорциях, мире, удовлетворении, отдыхе, смерти.

48. О раздевалке, частных владениях, спрятавшемся слуге, женском здоровье, новостях издалека.

49. О перемене положения, собственной матери, почетных вещах, властной женщине.

50. О болезненной поездке, разочарованной сестре, скорбной вести, звонке в офис.

51. О приобретении и изобилии, ставке, детях, деньгах издалека, профессии.

52. О собственной болезни или смерти, потерянных и спрятанных вещах, оккультизме, слуге; красной одежде; горячей пище; враче; яме; насекомом.

53. Об офисе, властителе или короле, начальнике, утрате золота.

54. Об опасной болезни, взволнованной женщине, жене, девочке, контракте или соглашении, четырех стенах.

55. О смерти, потерянной бумаге, неполученном послании, девушке, собрании, друге.

56. О загранице, морском путешествии, собрании, публикации, корабле, привидении.

57. Об обретенном благосостоянии, корабле, магазине, пенсии или наследстве, родственнике.

58. О покупке, личном влиянии, важной персоне, адвокате или юристе, судье, учителе, наставлениях, ведах; личных владениях, недвижимости.

59. О морге, больнице, мальчике; камине, предприятии или опасности.

60. О религиозной церемонии; иностранном правителе; солнце; времени.

61. О пище, торговле; точных приборах; друге; рынке; слуге.

62. О письме или соглашении; предприятии или контракте; процессе, позиции; владении; отце.

63. О мертвой женщине; утраченном имуществе; садящейся луне; приданом жены; омовении.

64. О себе и занимаемом положении; обретенном имуществе, наследстве; старике; сделке, обмене.

65. О короткой поездке и возвращении; приходе и уходе; ходьбе пешком; закрытом помещении; удачных родах; сестре.

66. О горящей земле; горах; минералах; врачевателе; мертвом друге; горящем доме; сухой земле или песке.

67. Об утрате золота; приданом жены; поясе; больном ребенке.

68. О девочке; домашнем круге; ответственной должности; безопасности.

69. Об одежде; слуге; корабле; покупках; пище; торговле; научном предмете; веданте.

70. О жене, соглашении; общественном собрании; полной луне.

71. О бассейне; старых связях; друге; о себе в компании; частном месте или комнате; надзирателе.

72. О благосостоянии; милом друге; религиозном собрании; обуви и парных вещах.

73. О брате; позиции; смерти правителя; скорой поездке и злой вести; чести; успехе; письме.

74. О ярком солнце; взгляде; жене; сильном враге; охоте.

75. О приятном месте; роскошной недвижимости; мокше; спрятанных сокровищах; стаде.

76. О сыне; месте для учебы; школе; мосте.

77. О белой одежде; медицине; воде; питье.

78. О старом друге; институте; старом союзе; больнице; человеке в тюрьме.

79. О ком-то; о повышении и процветании; позиции, власти и влиянии; излишествах; ногах; обуви; понимании; судье или адвокате.

80. О приобретении; риске или потере; потерях при пожаре; загранице; отдаленной смерти; деревне.

81. О богатом родственнике; точных приборах; золотых украшениях; своем здоровье; спелых фруктах.

82. О мирной смерти; богатом приданом; приятном известии; поездке; выгодной поездке; сестре.

83. О торговле; о соглашении или договоре; аренде собственности; воротах или проходе; невесте.

84. О дочери; месте для купания; празднике; чистом белье; о возлюбленном (возлюбленной).

Каждому числу присущи несколько толкований, но пытливому уму всегда ясно, какое толкование следует использовать.

$153 = 1^3 + 5^3 + 3^3$
$1634 = 1^4 + 6^4 + 3^4 + 4^4$
$54748 = 5^5 + 4^5 + 7^5 + 4^5 + 8^5$
$548834 = 5^6 + 4^6 + 8^6 + 8^6 + 3^6 + 4^6$
$1741725 = 1^7 + 7^7 + 4^7 + 1^7 + 7^7 + 2^7 + 5^7$
$24678050 = 2^8 + 4^8 + 6^8 + 7^8 + 8^8 + 0^8 + 5^8 + 0^8$
$146511208 = 1^9 + 4^9 + 6^9 + 5^9 + 1^9 + 1^9 + 2^9 + 0^9 + 8^9$
$4679307774 = 4^{10} + 6^{10} + 7^{10} + 9^{10} + 3^{10} + 0^{10} + 7^{10} + 7^{10} + 7^{10} + 4^{10}$
$82693916578 = 8^{11} + 2^{11} + 6^{11} + 9^{11} + 3^{11} + 9^{11} + 1^{11} + 6^{11} + 5^{11} + 7^{11} + 8^{11}$

Искусство делать прогнозы

Нумерология может быть очень полезна при изучении будущих событий. Хотя в астрологии тоже существует методика прогнозирования будущего, общее понимание предстоящего можно получить только из нумерологии.

Как указывалось во введении, нумерология не является закрытой наукой: чтобы достигнуть более глубокого проникновения в тайны человеческого поведения, хороший нумеролог должен также разбираться в астрологии, хиромантии, графологии и физиогномике.

Ниже приводится один из методов годового прогноза. Запишите на листе следующую информацию:

- месяц рождения
- дата рождения
- последние две цифры рассматриваемого года
- число дня недели, на который приходится день рождения в рассматриваемом году

Например, я хочу сделать годовой расчет для человека, родившегося 2 июня 1966 года. Мне нужно сделать прогноз на 2020 год. При расчете надо сложить следующие числа:

месяц рождения = 6
дата рождения = 2
рассчитываемый год = 20

В 2020 году 2 июня приходится на вторник, чье число = 9.

Числа, связанные с днями недели, — это числа планет, которые управляют этими днями:
воскресенье = 1 (Солнце)
понедельник = 2 (Луна)
вторник = 9 (Марс)
среда = 5 (Меркурий)
четверг = 3 (Юпитер)
пятница = 6 (Венера)
суббота = 8 (Сатурн)

6 + 2 + 20 + 9 = 41
4 + 1 (сумма цифр предыдущего числа) = 5

Число, которое получается в результате сложения, 5, и будет числом рассчитываемого года. Для определения, какое значение имеет год числа 5, обратитесь к информации, даваемой ниже. Эта сумма дает весьма общее представление и не может браться для определения характера всего рассчитываемого года, однако может дать общую идею того, что грядет.

Год числа 1 (управляется Солнцем)

Так как 1 является важным числом, год, связанный с этим числом, также важен. Во время этого периода проблемы и трудности, существовавшие много лет, уменьшатся. Человек почувствует себя удачливым и получит от многих людей помощь и поддержку — особенно от тех, кто связан с правительственными и властными структурами.

Во время этого года человек:

- почувствует себя здоровее ментально и физически и двинется по пути прогресса;
- достигнет успеха на работе — если только заранее тщательно все организует и спланирует;
- встретит важное изменение в своей жизни; все изменения будут изменять существующее положение в хорошую сторону;
- встретит людей, которые окажутся в будущем полезными;
- не будет испытывать страха и тревог;
- будет много и усердно работать без всяких потрясений;
- обретет имя и славу.

Этот год благоприятен для чтения, создания произведений, участия в соревнованиях, основания нового финансового предприятия, приобретения оборудования. Для писателей, музыкантов и художников этот год будет очень важным в деле создания новых творений.

Год числа 2 (управляется Луной)

Этот год принесет:

- возрастание личной притягательности;
- новых друзей, которые окажут в будущем поддержку;
- меньше беспокойств и стрессов;
- эмоциональность, но также и больше практичности;
- выгоду, связанную с недвижимостью;
- новый дом или новую квартиру;
- перемены в образе мышления;
- улучшение жизненных условий через терпение и хорошее планирование.

В этот год человек избавится от ненужного беспокойства и спешки.

Год числа 3 (управляется Юпитером)

Этот год принесет:

- больше знаний и практической мудрости;
- время для завершения старых проектов;
- новых друзей и знакомых.

Этот год также будет:

- благоприятным; принесет финансовый успех, имя и славу. Человек получит возможность более полного самовыражения. Этот год имеет особое значение для писателей, ораторов: они должны быть особенно внимательны в отношении своих творений и произносимых речей. Под влиянием Юпитера они обретут честность и бесстрашие, которые могут в дальнейшем вызвать много проблем;

- не слишком хорошим для подписания официальных бумаг и контрактов: для бизнесменов и тех, кто так или иначе связан с судебными тяжбами;
- хорошим для бизнеса и открытия новых предприятий;
- хорошим для планирования и завершения работы;
- годом получения продвижения по службе;
- испытанием друзей — и тогда решится, стоит ли им доверять или нет.

Год числа 4 (управляется северным узлом Луны)

Этот год принесет:

- достигнутый с большим трудом успех;
- силу, которую не смогут поколебать непредвиденные беды и препятствия;
- бдительность, тяжелую работу и спокойствие;
- финансовый успех, увеличение количества источников дохода, финансовую стабильность;
- новые предприятия — новый дом или новую квартиру.

Этот год также будет:

- благоприятным. Предполагается свадьба. Если официальное бракосочетание не требуется или нежелательно, то в этом году произойдет встреча с жизненным партнером. Женатые люди без детей заимеют ребенка;
- благоприятным для установления взаимоотношений с друзьями и жизненными партнерами;
- неудачным для любовных приключений;
- благоприятным для установления взаимоотношений с представителями власти и начальством;

- благоприятным для путешествий;
- благоприятным для духовных исканий и религиозной деятельности.

Год числа 5 (управляется Меркурием)

Этот год будет:

- годом успеха и финансовой стабильности; возрастет число друзей;
- благоприятным для бизнеса и бизнесменов;
- благоприятным для поездок за границу по делам или на отдых;
- благоприятным для делового партнерства;
- держать вас настороже при произнесении речей;
- держать вас настороже при подписании деловых контрактов;
- благоприятным для работников средств массовой информации и тех, кто с ними связан: писателей, поэтов, актеров, радиоартистов и журналистов;
- благоприятным для участия в соревнованиях и рискованных предприятий;
- запоминающимся.

Год числа 6 (управляется Венерой)

Этот год будет:

- благоприятным для установления отношений с близкими родственниками; свободным от тягот, связанных с ведением домашнего хозяйства;
- благоприятным для романтических взаимоотношений и зачатия ребенка;

- благоприятным для дизайнеров помещений, актеров, музыкантов, поэтов и художников, а также для режиссеров, людей, связанных с театром, и всех, кто занимается шоу-бизнесом. Он также благоприятен для ювелиров и тех, кто занимается парфюмерным бизнесом;
- благоприятным для траты денег на украшения, развлечения и удовольствия;
- благоприятным для трудоустройства безработных;
- временем, когда следует обратить внимание на украшения, чувственные удовольствия, мирские наслаждения, подарки.

Этот год также даст шанс получить неожиданное богатство и прибавку к зарплате.

Год числа 7 (управляется южным узлом Луны)

Этот год будет:

- годом непонимания и трудностей;
- годом трудностей в бизнесе. Много работы и мало прибыли;
- успешным при ведении судебных дел и тяжб.

Это будет также год для:

- проверки своих друзей и помощников;
- годом, когда можно будет избежать ненужных споров;
- посвящения энергии целительству, астрологии, практике тантры, магии и гипнозу;
- небольшого риска;
- годом, когда нужно быть осторожным в любовных делах, чтобы не заслужить дурную славу;

- годом, когда нужно оставаться оптимистом и не выходить из себя — если есть желание преуспеть в выбранной работе. Терпение и оптимистический настрой разрешат все проблемы и препятствия.

Это также будет благоприятный год для целителей, астрологов и тех, кто занимается оккультными науками.

Год числа 8 (управляется Сатурном)

Этот год будет:

- благоприятным для политиков, социальных работников и людей, работающих в железной и стальной промышленности. Этот год даст возможность начать новое предприятие;
- неблагоприятным для здоровья. Необходимо принять меры предосторожности. Избегайте стресса, возбуждения и беспокойства. Используйте в пищу больше соков и специй, которые очищают кровь и укрепляют сердце. Используйте толченый жемчуг (мукта пишти) и толченый голубой сапфир (нилам пишти);
- благоприятным для достижения успеха в мирских делах; следует направлять свою энергию на созидание. Правильное использование энергии принесет удачу;
- благоприятным для одержания победы над врагами и выигрывания судебных дел;
- временем, когда нужно стать независимым, положиться на собственные силы и рассудительность;
- благоприятным для общественной работы.

Год числа 9 (управляется Марсом)

Этот год будет:

- годом завершения начатого, успеха и удачи;

- годом исполнения желаний;
- годом самоорганизации;
- годом получения желаемого от представителей власти и правительственных органов.

Он также принесет:

- легкое разочарование; возможна грубая ссора с властями;
- успех в борьбе и соревновании;
- признание общества;
- возможность неожиданного улучшения финансового положения: через лотерею, наследство или другие источники.

В этом году нужно избегать сомнений и упрямости. Если направлять больше энергии на духовные поиски, то этот год принесет хорошие результаты.

Магические квадраты — числовая гамма развертывания Вселенной

Традиционный магический квадрат строится на основе четырехугольного образца, паттерна, заполненного цифрами. Они бывают разных размеров. Меньшие по размеру магические квадраты (3 × 3) содержат первые девять цифр. Следующий за ним по рангу — квадрат 4 × 4, содержащий первые шестнадцать чисел, и так далее.

В Средневековье магические квадраты считались выражением гармонии между тонким миром и миром мага. Истоки этих квадратов находятся в Китае или Индии, откуда они при посредстве арабов проникли в Европу. Все магические квадраты обладают следующими характеристиками:

– *магическое число.* Это сумма чисел в любом ряду, столбце или диагонали одинакова, сложенная с постоянной величиной. Если числовой ряд входящих в магический квадрат чисел начинается с 0, то магическое число определяется как: $Nx\ (0 + N^2 - 1)/2$, или $(N^3 - N)\ /\ 2$. В случае если числовой ряд входящих в магический квадрат чисел начинается с 1, магическое число определяется как: $(N^3 + N)\ /\ 2$;

– *сумма квадрата.* Это сумма всех чисел, входящих в квадрат; она определяется как: $n^2\ (n^2 + 1)\ /\ 2$

7	2	3
0	4	8
5	6	1

Магический квадрат порядка 3

Ниже приведен пример классического магического квадрата. В него входят по одному числа от 0 до 24. Сумма чисел каждого ряда, столбца или диагонали = 60.

21	2	8	14	15
13	19	20	1	7
0	6	12	18	24
17	23	4	5	11
9	10	16	22	3

Это даже пан-магический квадрат. То есть даже разорванная диагональ в сумме дает число 60. Например, сложим числа 13 + 2 + 16 + 5 + 24 = 60:

21	**2**	8	14	15
13	19	20	1	7
0	6	12	18	**24**
17	23	4	**5**	11
9	10	**16**	22	3

Нумерологическая симметрия магических квадратов на протяжении многих веков символизирует сокрытое знание. Особое развитие числовые квадраты получили в каббале, древнем мистическом учении, в котором для объяснения мироздания широко применялись магические символы, квадраты, сферы, диаграммы. В соответствии с каббалистическими воззрениями, Солнце, Луна и пять видимых планет управляются скрытым духом и разумом.

52	61	4	13	20	29	36	45
14	3	62	51	46	35	30	19
53	60	5	12	21	28	37	44
11	6	59	54	43	38	27	22
55	58	7	10	23	26	39	42
9	8	57	56	41	40	25	24
50	63	2	15	18	31	34	47
16	1	64	49	48	33	32	17

17	47	30	36	21	43	26	40
32	34	19	45	28	38	23	41
33	31	46	20	37	27	42	24
48	18	35	29	44	22	39	25
49	15	62	4	53	11	58	8
64	2	51	13	60	6	55	9
1	63	14	52	5	59	10	56
16	50	3	61	12	54	7	57

Планетарные квадраты вошли в основу талисманов. Имена планетарных божеств связаны с числами, полученными из соответствующих им магических квадратов.

Магический квадрат Солнца обладает особой важностью ввиду его значения, а также символизма числа 6. У куба 6 граней, сумма первых трех чисел числового ряда дает 6 (1 + 2 + 3), а сумма всех чисел в магическом квадрате 6 × 6 равняется 666. Ниже приведены изображения магических квадратов для Солнца, Луны и пяти видимых планет:

Квадрат Сатурна (sigilla Saturni):

4	9	2
3	5	7
8	1	6

порядок квадрата	3
количество клеток	9
сумма чисел любой симметричной группы	20
сумма чисел в любой строке или диагонали	15
сумма противоположных пар чисел	10

сумма чисел периметра	40
цвет квадрата	черный
цвет чисел	белый
сумма всех чисел квадрата	45

Квадрат Юпитера (sigilla Jovis):

4	14	15	1
9	7	6	12
5	11	10	8
16	2	3	13

порядок квадрата	4
количество клеток	16
сумма чисел любой симметричной группы	34
сумма чисел в любой строке или диагонали	34
сумма противоположных пар чисел	17
сумма чисел периметра	102
цвет квадрата	синий
цвет чисел	оранжевый
сумма всех чисел квадрата	136

Квадрат Марса (sigilla Martis):

11	24	7	20	3
4	12	25	8	16
17	5	13	21	9
10	18	1	14	22
23	6	19	2	15

порядок квадрата	**5**
количество клеток	25
сумма чисел любой симметричной группы	52
сумма чисел в любой строке или диагонали	65
сумма противоположных пар чисел	26
сумма чисел периметра	208
цвет квадрата	красный
цвет чисел	зеленый
сумма всех чисел квадрата	325

Квадрат Солнца (sigilla Solis):

6	32	3	34	35	1
7	11	27	28	8	30
19	14	16	15	23	24
18	20	22	21	17	13
25	29	10	9	26	1
36	5	33	4	2	31

порядок квадрата	**6**
количество клеток	36
сумма чисел любой симметричной группы	74
сумма чисел в любой строке или диагонали	111
сумма противоположных пар чисел	37
сумма чисел периметра	470
цвет квадрата	желтый
цвет чисел	пурпурный
сумма всех чисел квадрата	666

Квадрат Венеры (sigilla Veneris):

22	47	16	41	10	35	4
5	23	48	19	42	11	29
30	6	24	49	18	36	1
13	31	7	25	43	9	37
38	14	32	1	26	44	20
21	39	8	33	2	27	45
46	15	40	9	34	3	28

порядок квадрата	**7**
количество клеток	49
сумма чисел любой симметричной группы	100
сумма чисел в любой строке или диагонали	175
сумма противоположных пар чисел	50
сумма чисел периметра	600
цвет квадрата	зеленый
цвет чисел	желтый
сумма всех чисел квадрата	1225

Квадрат Меркурия (sigilla Mercuris):

8	58	59	5	4	62	63	1
49	15	14	52	53	11	10	56
41	23	22	44	45	19	16	48
32	34	35	29	28	38	39	25
40	26	27	37	36	30	31	33
17	47	46	20	21	43	42	24
9	55	64	12	13	51	50	16
64	2	3	61	60	6	7	57

порядок квадрата	**8**
количество клеток	64
сумма чисел любой симметричной группы	130
сумма чисел в любой строке или диагонали	260
сумма противоположных пар чисел	65
сумма чисел периметра	910
цвет квадрата	оранжевый
цвет чисел	синий
сумма всех чисел квадрата	2080

Квадрат Луны (sigilla Lunae):

37	78	29	70	21	62	13	54	5
6	38	79	30	71	22	63	14	46
47	7	39	80	31	72	23	55	15
16	48	8	40	81	32	64	24	56
57	17	49	9	41	73	33	65	25
26	58	18	50	1	42	74	34	66
67	27	59	10	51	2	43	75	35
36	68	19	60	11	52	3	44	76
77	28	69	20	61	12	53	4	45

порядок квадрата	**9**
количество клеток	81
сумма чисел любой симметричной группы	164
сумма чисел в любой строке или диагонали	369
сумма противоположных пар чисел	82
сумма чисел периметра	1312
цвет квадрата	пурпурный
цвет чисел	желтый
сумма всех чисел квадрата	3321

Простой формой магического квадрата является магический ковер. В него входят только два числа: 0 и 1, их совокупность способна описать всю полноту окружающего мира. «Ноль» и «единица» — основа простейшей, но вместе с тем самой таинственной системы счисления — двоичной, которая используются в сверхсложных вычислительных приборах, компьютерах и механизмах. «Да» и «нет», «небо» и «земля», «мужчина» и «женщина» — любой набор двойственности заключен в этих цифрах.

«Единица» играет основополагающую роль в современной системе счисления и в мистической нумерологической философии. Число 1 означает Высшую целостность, единство. Совершенная целостность, понимаемая как единица, объясняет эзотерическое значение числа 1, понимаемого как Бог или Космос.

В китайской традиции в соответствии с нумерологическим мистицизмом число 1 ассоциировалось с небом.

Десять (10 = 1 + 0 = 1) — число, которое символизирует мужчину и женщину, идущих рука об руку по Пути Озарения. Единица — это символ Бога и Божественности. Она представляет Высший Разум, пребывающий на небесах и Божью силу, Всеблагое сознание, сокрытое в каждом человеческом существе. Главная цель человека — духовно пробудиться и проявить скрытую в нем божественность. Вся история человечества со всеми ее страданиями и несправедливостями составляет один эон — продолжительное, но принципиально конечное состояние времени и всего мира во времени.

Число 2 — это две мировые противоположности: мужчина и женщина, свет и тьма, огонь и вода, все пары противоположностей, без которых проявленная жизнь не могла существовать. «Двойка» собой представляет стадию, в которой человек понимает, что имеются другие люди в мире помимо его самого.

В ведической традиции, с одной стороны, число 2 выступает как символ противопоставления, разделения и связи, а с другой — как символ соответствия противопоставляемых членов. В силу этих качеств 2 есть первичная монада, защищающая человека от небытия и соответствующая творению — Небесам и Земле, вышедших из одного лона. Как таковое, число 2 противостоит трансцендентному Единому, размышление над которым дает начало особой стадии в развитии космологического умозрения.

Число 2 лежит в основе всех бинарных противопоставлений, с помощью которых различные доктрины описывают мир. Оно связано с концепцией взаимодополняющих частей мироздания (мужской и женской составляющих, небом и землей, днем и ночью), — как значений, принимаемых пространственно-временной структурой Космического Бытия. Высшая парность проявляется в таких аспектах, как четность, дуальность, полярность.

0	0	1	1
1	1	0	0
0	0	1	1
1	1	0	0

Магический ковер. Сумма чисел каждого ряда, столбца или диагонали = 2.

0	**0**	**1**	**1**	0	0	1	1
1	**1**	**0**	**0**	1	1	0	0
0	**0**	**1**	**1**	0	0	1	1
1	**1**	**0**	**0**	1	1	0	0
0	0	1	1	**0**	**0**	**1**	**1**
1	1	0	0	**1**	**1**	**0**	**0**
0	0	1	1	**0**	**0**	**1**	**1**
1	1	0	0	**1**	**1**	**0**	**0**

Этот магический ковер получен путем четырехкратного объединения магических ковров порядка 4.

Чудесные свойства магического ковра можно применить к принципам построения магических квадратов. Ниже показано, как можно складывать магические коврики (правда, не совсем классические: в некоторых из них фигурирует «ноль» и какое-то уже другое, отличное от «единицы», число):

0	0	8	8
8	8	0	0
0	0	8	8
8	8	0	0

+

0	4	4	0
4	0	0	4
0	4	4	0
4	0	0	4

+

0	1	0	1
1	0	1	0
1	0	1	0
0	1	0	1

+

0	2	0	2
0	2	0	2
2	0	2	0
2	0	2	0

=

0	7	12	11
13	10	1	6
3	4	15	8
14	9	2	5

Определяют магические квадраты, в которых присутствуют не цифры, а буквы (или, например, и числа, и буквы). Сначала рассмотрим буквенные магические квадраты. Они называются латинскими квадратами. Для порядка 7 можно составить четыре таких квадрата:

A	B	C	D	E	F	G
F	G	A	B	C	D	E
D	E	F	G	A	B	C
B	C	D	E	F	G	A
G	A	B	C	D	E	F
E	F	G	A	B	C	D
C	D	E	F	G	A	B

A	B	C	D	E	F	G
E	F	G	A	B	C	D
B	C	D	E	F	G	A
F	G	A	B	C	D	E
C	D	E	F	G	A	B
G	A	B	C	D	E	F
D	E	F	G	A	B	C

A	B	C	D	E	F	G
D	E	F	G	A	B	C
G	A	B	C	D	E	F
C	D	E	F	G	A	B
F	G	A	B	C	D	E
B	C	D	E	F	G	A
E	F	G	A	B	C	D

A	B	C	D	E	F	G
C	D	E	F	G	A	B
E	F	G	A	B	C	D
G	A	B	C	D	E	F
B	C	D	E	F	G	A
D	E	F	G	A	B	C
F	G	A	B	C	D	E

Далее следуют шесть греко-латинских квадратов. Для каждого из них цифры от 0 до 6 заменены на большие и маленькие буквы. При составлении числовых квадратов 0 может быть замещен как «а», так и «А». Остальные шесть цифр могут соответствовать любой букве. Таким образом получается $6 \times 5 \times 4 \times 3 \times 2 \times 1 = 720$ комбинаций.

Aa	Bb	Cc	Dd	Ee	Ff	Gg
Fe	Gf	Ag	Ba	Cb	Dc	Ed
Db	Ec	Fd	Ge	Af	Bg	Ca
Bf	Cg	Da	Eb	Fc	Gd	Ae
Gc	Ad	Be	Cf	Dg	Ea	Fb
Eg	Fa	Gb	Ac	Bd	Ce	Df
Cd	De	Ef	Fg	Ga	Ab	Be

Aa	Bb	Cc	Dd	Ee	Ff	Gg
Fd	Ge	Af	Bg	Ca	Db	Ec
Dg	Ea	Fb	Gc	Ad	Be	Cf
Bc	Cd	De	Ef	Fg	Ga	Ab
Gf	Ag	Ba	Cb	Dc	Ed	Fe
Eb	Fc	Gd	Ae	Bf	Cg	Da
Ce	Df	Eg	Fa	Gb	Ac	Bd

Aa	Bb	Cc	Dd	Ee	Ff	Gg
Fc	Gd	Ae	Bf	Cg	Da	Eb
De	Ef	Fg	Ga	Ab	Bc	Cd
Bg	Ca	Db	Ec	Fd	Ge	Af
Gb	Ac	Bd	Ce	Df	Eg	Fa
Ed	Fe	Gf	Ag	Ba	Cb	Dc
Cf	Dg	Ea	Fb	Gc	Ad	Be

Aa	Bb	Cc	Dd	Ee	Ff	Gg
Ed	Fe	Gf	Ag	Ba	Cb	Dc
Bg	Ca	Db	Ec	Fd	Ge	Af
Fc	Gd	Ae	Bf	Cg	Da	Eb
Cf	Dg	Ea	Fb	Gc	Ad	Be
Gb	Ac	Bd	Ce	Df	Eg	Fa
De	Ef	Fg	Ga	Ab	Bc	Cd

Aa	Bb	Cc	Dd	Ee	Ff	Gg
Ec	Fd	Ge	Af	Bg	Ca	Db
Be	Cf	Dg	Ea	Fb	Gc	Ad
Fg	Ga	Ab	Bc	Cd	De	Ef
Cb	Dc	Ed	Fe	Gf	Ag	Ba
Gd	Ae	Bf	Cg	Da	Eb	Fc
Df	Eg	Fa	Gb	Ac	Bd	Ce

Aa	Bb	Cc	Dd	Ee	Ff	Gg
Dc	Ed	Fe	Gf	Ag	Ba	Cb
Ge	Af	Bg	Ca	Db	Ec	Fd
Cg	Da	Eb	Fc	Gd	Ae	Bf
Fb	Gc	Ad	Be	Cf	Dg	Ea
Bd	Ce	Df	Eg	Fa	Gb	Ac
Ef	Fg	Ga	Ab	Bc	Cd	De

Из каждого греко-латинского квадрата можно получить 720 × 720 = 518400 пан-магических квадратов. Но если учесть возможные зеркальные отображения, то получается 259200 оригинальных пан-магических квадратов.

Возникает естественный вопрос о существовании «волшебной» формулы, в соответствии с которой можно построить магический квадрат заданного порядка и с заданными характеристиками.

Обнаружены лишь частичные формулы, позволяющие моделировать магические квадраты в пределах ограниченных порядковых промежутков.

Пан-магический квадрат 5-го порядка является наименьшим квадратом нечетного порядка. Для того чтобы понять, как образуются подобные формулы, обратимся к следующим квадратам:

Квадрат 1

0	1	2	3	4
3	4	0	1	2
1	2	3	4	0
4	0	1	2	3
2	3	4	0	1

Квадрат 2

0	1	2	3	4
2	3	4	0	1
4	0	1	2	3
1	2	3	4	0
3	4	0	1	2

Пусть горизонтальная нумерация соответствует оси X (то есть это будут номера столбцов от 0 до 4), а вертикальная нумерация — оси Y (это будут номера строк от 0 до 4). Каждая отдельная ячейка определяется по формуле:

MOD ($x - 2y$, 5) — для квадрата 1

MOD ($x - 3y$, 5) — для квадрата 2

Под оператором MOD (m, n) понимается остаток деления m на n. Таким образом, MOD (m, n) = 2 в случае следующих пар:

$m = 12$ $n = 5$

$m = 7$ $n = 5$

$m = 2$ $n = 5$

$m = -3$ $n = 5$

К сожалению, несмотря на многовековые поиски, до сих пор не найдено такое универсальное уравнение. Может, решение найдется у вас?

Антимагические квадраты

Все в мире имеет свою противоположность. Наряду с магическими, существуют также и антимагические квадраты. Разновидность антимагического квадрата — гетероквадрат. Под гетероквадратом понимается такая нумерологическая структура, в которой сумма чисел, составляющих любой его ряд, столбец и главные диагонали, различная.

В представленных далее гетероквадратах сумма чисел любого ряда, столбца или диагонали отличается:

			19
1	2	3	**6**
8	9	4	**21**
7	6	5	**18**
16	**17**	**12**	**15**

			18
1	2	9	**12**
4	3	7	**14**
6	8	5	**19**
1	**13**	**21**	**9**

			18
1	2	9	**12**
5	6	8	**19**
3	7	4	**14**
9	**15**	**21**	**11**

			11
1	3	5	**9**
8	2	6	**16**
4	9	7	**20**
13	**14**	**18**	**10**

			19
1	3	8	**12**
5	4	6	**15**
7	2	9	**18**
13	**9**	**23**	**14**

			19
1	3	8	**12**
9	7	6	**22**
4	5	2	**11**
14	**15**	**16**	**10**

			15
1	5	4	**10**
9	3	7	**19**
8	6	2	**16**
18	**14**	**13**	**6**

			16
1	6	3	**10**
9	5	7	**21**
8	4	2	**14**
18	**15**	**12**	**8**

			10
1	6	5	**12**
9	2	8	**19**
3	7	4	**14**
13	**15**	**17**	**7**

			12
1	7	2	**10**
9	4	5	**18**
6	3	8	**17**
16	**14**	**15**	**13**

			14
2	3	7	**12**
9	1	8	**18**
6	5	4	**15**
17	**9**	**19**	**7**

			15
3	2	9	**14**
4	1	8	**13**
5	6	7	**18**
12	**9**	**24**	**11**

Далее – примеры гетероквадратов для порядков 4, 5 и 6:

				34
2	1	3	4	**10**
5	6	7	8	**26**
9	10	11	12	**42**
13	14	15	16	**58**
29	**31**	**36**	**40**	**35**

					57
21	22	23	24	25	**115**
20	7	8	9	10	**54**
19	6	1	2	11	**39**
18	5	4	3	12	**42**
17	16	15	14	13	**75**
95	**56**	**51**	**52**	**71**	**45**

						111
2	1	3	4	5	6	**21**
7	8	9	10	11	12	**57**
13	14	15	16	17	18	**93**
19	20	21	22	23	24	**129**
25	26	27	28	29	30	**165**
31	32	33	34	35	36	**201**
97	**101**	**108**	**114**	**120**	**126**	**112**

А в антимагическом квадрате сумма чисел, составляющих любой его ряд, столбец и главные диагонали, последовательная. Далее представлены примеры антимагических квадратов (жирным шрифтом показана сумма рядов, столбцов и диагоналей).

				34
2	15	5	13	**35**
16	3	7	12	**38**
9	8	14	1	**32**
6	4	11	10	**31**
33	**30**	**37**	**36**	**29**

порядок = 4
последовательная сумма = от 29 до 38
(жирным шрифтом показана сумма рядов, столбцов и диагоналей)

					65
5	8	20	9	22	**64**
19	23	13	10	2	**67**
21	6	3	15	25	**70**
11	18	7	24	1	**61**
12	14	17	4	16	**63**
68	**69**	**60**	**62**	**66**	**71**

порядок =5
последовательная сумма = от 60 до 61
(жирным шрифтом показана сумма рядов, столбцов и диагоналей)

						111
3	18	36	17	15	27	**116**
23	32	6	10	30	12	**113**
35	1	14	19	34	5	**108**
33	25	4	11	13	24	**110**
2	22	20	26	16	21	**107**
9	8	29	31	7	28	**112**
105	**106**	**109**	**114**	**115**	**117**	**104**

порядок = 6
последовательная сумма = от 104 до 117
(жирным шрифтом показана сумма рядов, столбцов и диагоналей)

							175
19	8	32	18	22	48	35	**182**
11	33	10	30	43	15	27	**169**
46	9	13	14	17	23	49	**171**
40	45	39	12	1	4	31	**172**
20	2	26	42	38	41	5	**174**
7	34	37	25	44	24	6	**177**
36	47	16	29	3	21	28	**180**
179	**178**	**173**	**170**	**168**	**176**	**181**	**167**

порядок = 7
последовательная сумма = от 167 до 182
(жирным шрифтом показана сумма рядов, столбцов и диагоналей)

								260
9	41	37	46	55	15	49	16	**268**
60	10	27	21	50	54	22	23	**267**
2	59	28	56	19	17	44	40	**265**
64	13	35	14	25	57	18	36	**262**
3	63	31	45	42	11	43	20	**258**
52	4	39	24	32	47	6	51	**255**
30	62	1	38	33	7	53	29	**253**
34	5	61	12	8	58	26	48	**252**
254	**257**	**259**	**256**	**264**	**266**	**261**	**263**	**251**

порядок = 8
последовательная сумма = от 251 до 268
(жирным шрифтом показана сумма рядов, столбцов и диагоналей)

									369
5	51	40	67	53	60	1	63	30	**371**
66	49	57	3	28	59	15	72	21	**370**
7	35	31	81	44	58	11	73	25	**365**
70	55	69	5	16	13	75	4	56	**363**
18	27	33	65	45	62	8	61	43	**362**
42	41	9	48	32	20	78	17	74	**361**
76	38	47	10	68	19	80	14	26	**378**
24	39	36	79	46	50	22	52	29	**379**
64	37	54	2	34	23	77	12	71	**374**
373	**372**	**376**	**360**	**366**	**364**	**367**	**368**	**375**	**359**

порядок = 9
последовательная сумма = от 359 до 378
(жирным шрифтом показана сумма рядов, столбцов и диагоналей)

										494
86	9	10	11	93	4	95	97	90	0	**495**
16	66	33	67	27	36	45	41	73	94	**498**
14	59	60	28	32	61	55	72	22	98	**501**
12	42	38	65	63	26	54	23	80	84	**487**
88	46	64	25	57	68	47	69	18	7	**489**
85	62	39	71	40	37	51	17	79	15	**496**
8	31	76	35	50	58	43	78	30	91	**500**
87	53	29	75	49	44	81	20	52	2	**492**
6	34	56	24	74	70	21	77	48	92	**502**
89	82	83	96	19	99	13	5	1	3	**490**
491	**484**	**488**	**497**	**504**	**503**	**505**	**499**	**493**	**486**	**485**

порядок = 10
последовательная сумма = от 482 до 505
(жирным шрифтом показана сумма рядов, столбцов и диагоналей)

Числа и карма

Пути мира суть бессознательные формы импульса высших сил. В духовной жизни этот импульс распознается и почитается как глубочайший источник всей мотивации человеческих поступков. Духовные практики стремятся ответить на него со всей чистотой, на какую способны.

Будучи вездесущим и всемогущим на высшем уровне бытия, высший дух в физической реальности способен проявиться лишь в той степени, в какой позволит ему это сделать личность.

Числа связаны с вибрационными влияниями, полученными вследствие поступков в предыдущих воплощениях. Все, что мы ни делаем сейчас, вернется к нам в будущем или в следующей жизни; те же плоды, которые мы получаем сейчас, свидетельствуют о заслуженном нами в прошлых жизнях.

Жизнь — это континуум. Она не является мозаикой. Смерть — это еще не конец. На самом деле нет никакой смерти. Смерть — это переход из одного состояния в другое. То, что мы сеем, то и пожинаем — сейчас или впоследствии. Нет никакого способа избежать плодов наших действий. Последствия плохих или хороших поступков приходят, как счета по почте. Работа, совершенная в прошлой жизни, выполняется легко и свободно; работа же, которая не была выполнена прежде, несет с собой всевозможные помехи и влечет за собой ответственность. Зная это, мой мозг и мое отношение указывает естественный жизненный курс — тот, по которому можно с легкостью двигаться. Закон причины и последствий применительно к человеческой судьбе известен как карма. Под термином «карма» поднимается также совокупность человеческих поступков — благих или пагубных.

Кармы прошлых жизней помогают нам и приходят как друзья. Мы получаем их как подарки, награды; и это помогает нам выполнять свои обязанности.

Если же человек наработал плохие кармы, подобные усилия приносят вражду, сопротивление, утрату и наказание. Плоды кармы произрастают из семян, которые человек посеял в прошлых жизнях. Дружба или вражда, неожиданная награда или наказание — все это результаты карм прошлых воплощений, и их причины нельзя проследить в настоящем. Плоды карм, представленные в этой жизни, могут создать для человека хорошее и поддерживающее окружение — в этом случае можно всегда проследить причину этого.

Следует обрести верное понимание относительно жизни. Некоторые люди думают, что так как они однажды получили в дар жизнь, то могут прожить ее таким образом, чтобы постоянно стремиться к удовлетворению своих желаний. Они начинают черпать из океана материальных наслаждений и продолжают это делать до тех пор, пока их черпак не прохудится. Незаметно приблизилась старость, жизнь стала клониться к закату — а что обрели такие люди, с чем они остались? С пришедшим в негодность черпаком, который метафизически представляет их собственную душу? Самым большим даром Бога человеку является жизнь. Следовательно, нужно очень тщательно ею заниматься. Ее нужно охранять, хранить в чистоте, наполнять светом и любовью, попутно устраняя все то, что мешает восприятию святого солнечного импульса, что тормозит или блокирует духовность. Только тогда, благодаря такой жизни, человек получит все: ум, энергию, силу, красоту и богатство.

Импульс, присущий Божественному и направленный на осознание себя, проявляется в стремлении людей к силе, уверенности и удовлетворенности, а на пути мудрецов — в поиске мира и счастья.

Люди ищут счастья, сознательно или бессознательно. Наш поиск счастья иногда принимает странные формы, но никогда не кончается. Стремление к счастью в действительности есть неустанный поиск подлинной сущности, или Я.

В своей сущностной природе люди пребывают в мире с собой и с миром. В мире присутствует радость, даже блаженство. Все духовные традиции мира говорят, что сущностная составляющая человеческой природы находится в совершенной гармонии с высшим Существом, которое называют Божеством или Реальностью.

12+

Серия «Современный самоучитель»

Издание для досуга
Демалысқа арналған баспа

Матвеев Сергей

НУМЕРОЛОГИЯ!
Большой понятный самоучитель.
Всё подробно и по полочкам

Подписано в печать 20.05.2019. Формат 84×108/32.
Гарнитура Octava. Бумага офсетная. Печать офсетная.
Усл.-печ. л. 15,12. Доп. тираж 2000 экз. Заказ 1797.

Общероссийский классификатор продукции
ОК-034-2014 (КПЕС 2008); 58.11.1 — книги, брошюры печатные.

ООО «Издательство АСТ»
129085, Москва, Звездный бульвар, д. 21, стр. 1,
комн. 705, пом. I, 7 этаж

Наш сайт: **www.ast.ru** E-mail: **prime@ast.ru**
Интернет-магазин: **www.book24.ru**

Оригинал-макет подготовлен редакцией «Прайм»
Произведено в Российской Федерации.
Изготовлено в 2019 г.

Отпечатано в ОАО «Можайский полиграфический комбинат»
143200, г. Можайск, ул. Мира, 93
www.oaompk.ru, тел.: (495) 745-84-28, (49638) 20-685

«Баспа Аста» деген ООО
129085, Мәскеу қ., Звёздный бульвары, 21-үй,
1-құрылыс, 705-бөлме, I жай, 7-қабат.
Біздің электрондық мекенжайымыз: **www.ast.ru**
E-mail: **prime@ast.ru**
Интернет-магазин: **www.book24.kz**
Интернет-дукен: **www.book24.kz**
Импортер в Республику Казахстан и Представитель по приему претензий
в Республике Казахстан — ТОО РДЦ Алматы, г. Алматы.
Қазақстан Республикасына импорттаушы және Қазақстан Республикасында
наразылықтарды қабылдау бойынша өкіл — «РДЦ-Алматы» ЖШС,
Алматы қ.,Домбровский көш., 3«а», Б литерi офис 1.
Тел.: 8(727) 2 51 59 90,91 , факс: 8 (727) 251 59 92 ішкі 107;
E-mail: **RDC-Almaty@eksmo.kz** , **www.book24.kz**
Тауар белгісі: «АСТ» Өндірілген жылы: 2019
Өнімнің жарамдылық мерзімі шектелмеген
Өндірген мемлекет: Ресей